Dalmatiner

Regina Kossiski

Inhaltsverzeichnis

PraxisRatgeber Dalmatiner

ISBN 3-933 646-79-0
bede-Bestell-Nr. PR 025

bede

Fotonachweis:

Norvia Behling
TJ Calhoun
Carolina Biological Supply
Doskocil
Isabelle Francais
James Hayden-Yoav
James R. Hayden, RBP
Carol Ann Johnson
Alice van Kempen
Dwight R. Kuhn
Dr Dennis Kunkel
Mikki Pet Products
Antonio Philippe
Phototake
Jennifer Porbansky
Jean Claude Revy
Dr Andrew Spielman
C James Webb

Illustrationen Renée Low

Die Herkunft des Dalmatiners

Der Dalmatiner ist eine sehr alte Hunderasse, dennoch liegt seine genaue Herkunft im Ungewissen. Immer wieder hat man bei Ausgrabungen alter ägyptischer Zivilisationsstätten Abbildungen von Dalmatiner-ähnlichen Hunden gefunden. Zeichnungen von gefleckten Hunden sind auf Höhlenwänden und in ägyptischen Gräbern zu entdecken. Diese frühzeitlichen Zeichnungen zeigen Hunde, die neben von Pferden gezogenen Wagen herlaufen. Einige Historiker behaupten, dass das alte Ägypten der tatsächliche Geburtsort der Rasse des Dalmatiners ist.

Es gibt auch jene, die glauben, dass in Kroatien, einem Teil des ehemaligen Jugoslawiens, die Wurzeln des Dalmatiners liegen. Außerdem gibt es einen Hinweis, dass ein Mann mit Namen Jurij Dalmatin der Gründer dieser Rasse sei. Es sei bewiesen, dass Dalmatin Hunde aus der Türkei erhalten hat und mit ihnen gegen Ende des sechzehnten Jahrhunderts züchtete. Die Hunde wurden unter dem Begriff „Dalmatins" oder „Türkische Hunde" be -kannt, aber es gab keine schriftlichen Aufzeichnungen darüber, wie diese Hunde wirklich aussahen. Um die Verwirrung noch zu vergrößern, bleibt zu erwähnen, dass es eine Provinz mit Namen „Dalmatien" an der Adriaküste gibt. Das ist der ursächlichen Anstoß dafür, dass viele Menschen fest davon überzeugt sind, Dalmatien sei die Heimat der Dalmatiner (obwohl es keine Beweise gibt, die diese Annahme unterstützen).

Ein Merkmal jedoch bleibt konstant mit der Geschichte des Dalmatiners verbunden: Seine Verbundenheit zu Pferden. Von der Höhlenmalerei bis zu den

Die große Dänische oder Harlekin-Dogge galt früher als Vorfahre der Dalmatiner. Auf den ersten Blick ist dies auch gut nachzuvollziehen.

Abbildungen im siebzehnten und achtzehnten Jahrhundert wird der Dalmatiner fast immer mit Pferden dargestellt. Abgesehen von ihrem auffälligen Erscheinungsbild, war es stets die Verbundenheit zu Pferden, was die Hunde so interessant machte. Die herumreisenden Zigeuner Rumäniens schätzen diese Hunde wegen gerade dieser Eigenschaft sehr. Diese Geschichte kann den Mutmaßungen noch hinzugefügt werden, wobei auch hier der wahre Ursprung des Dalmatiners im Verborgenen bleibt. Die gefleckten Hunde waren überall in Europa verstreut. Es ist sehr

Die genaue Herkunft der Dalmatiner ist immer noch unklar. Heute gehört dieser Hund zu einer der auffälligsten Rassen der Welt.

Harlekin-Doggen-Welpen haben eine erstaunliche Ähnlichkeit mit Dalmatiner-Welpen.

wahrscheinlich, dass sie durch die vielen Reisen der Zigeuner in die unterschiedlichsten Regionen verbreitet wurden. Deshalb ist er wahre Ursprung dieser Hunde schwer zu beweisen.

Der Dalmatiner kommt nach England

Mit dem Erreichen Englands lässt sich die Geschichte des Dalmatiners leichter verfolgen. Die Rasse ist dort sehr alt und reicht bis in das späte siebzehnte Jahrhundert zurück. Der Dalmatiner gewann zuerst im englischen Hochadel große Popularität. Als Schutzhunde erzogen, erfüllten Sie eine besondere Aufgabe, obwohl man sie auch aus ästhetischen Gründen, einfach wegen ihres ansprechenden, eleganten Aussehens hielt. Die Dalmatiner sollten auf den Reisen ihrer Herrschaft die Pferde und Kutschen beschützen. So lief der Dalmatiner an der Kutsche entweder hinter den Fersen der Pferde oder unter einer der Achsen des Wagens her. Bei Übernachtungen blieb er zusammen mit den Pferden bei der Kutsche im Stall, um diese vor Dieben zu bewahren.

Der Dalmatiner wurde sehr schnell als Kutschenhund bekannt. Man schätzte ihn für seine Fähigkeit, unermüdlich und ohne Schwierigkeiten auf langen Reisen mit der Kutsche Schritt zu halten. Seine besondere geistige Beziehung zu den Pferden räumte ihn einen ständigen Platz an ihrer Seite oder unter der Kutsche ein. Keine andere Rasse war besser für diese Aufgabe geeignet. Außerdem war er wegen seiner individuellen Fleckung eine leicht erkennbare Rasse und entwickelte sich in ganz England zu einem permanenten Begleiter der Kutschen. Als die Pferdegespanne der zunehmenden Motorisierung Platz machen mussten, wurde der Dalmatiner nicht mehr für seine bis dahin alltägliche Arbeit benötigt.

Dalmatiner wurden in Großbritannien auch als Feuerwehrhunde sehr berühmt. Die Londoner Feuerwehr hielt diese Hunde, um die Gerätehäuser von Ratten und ähnlichen Plagen zu befreien. Auch bei einem Feuerwehreinsatz konnte man häufig einen vor einem Feuerwehrwagen laufenden Dalmatiner beobachten, so als ob er den Weg für die Pferde frei machen sollte, damit die Feuerwehrmänner leichter zu den Bränden kamen. Mit dem Aufkommen der Automobile wurden die Kutschen und Löschwagen durch Lastwagen ersetzt. Fortan saß nun der Dalmatiner als Passagier im Führer-

Die Vereine im Internet

Die drei VDH-anerkannten Dalmatiner Zuchtvereine finden Sie unter folgenden Adressen im Internet:

Deutscher Dalmatiner-Club von 1920 e. V. (DDC)
www.ddc-dalmatiner.de

Club für Dalmatiner-Freunde e. V. (CDF)
www.cdf-dalmatiner.de

Dalmatiner-Verein Deutschland e. V. (DVD)
www.dalmatineronline.de

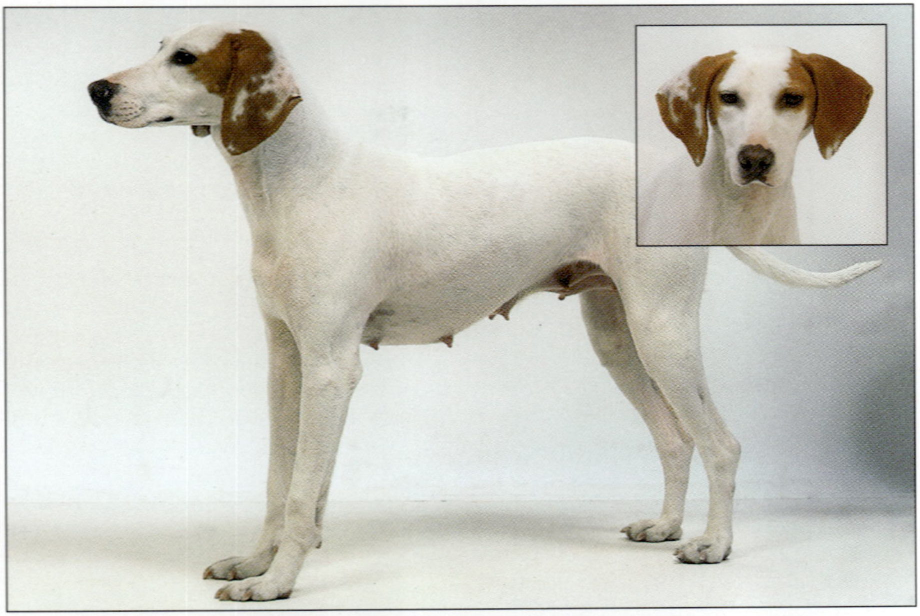

Auch der kurzhaarige Istrische Vorstehhund (kleines Foto: Kopfstudie), wahrscheinlich aus Jugoslawien stammend, zählt zu den Vorfahren des Dalmatiners.

haus neben dem Fahrer. Heute ist es sehr selten, dass ein Dalmatiner einen im Einsatz befindlichen Feuerwehrzug bei der Brandbekämpfung begleitet. Die Bezeichnung als „Feuerwehrhund" ist jedoch in dieser Rasse verblieben.
In England erlangte der Dalmatiner außerhalb seiner Einsätze als Kutschenhund oder als Feuerwehr-Maskottchen anfangs keine große Popularität. Erst viel später wurden die Hunde auch im Ausstellungsring beliebt. 1860 fand auch der Dalmatiner in Großbritanniens zweiter offizieller Zuchtschau zum ersten Mal Einzug in den Showring. Der erste Rassestandard wurde 1890 festgelegt. Für die folgenden 30 Jahre gab es sehr wenige Aufzeichnungen über Dalmatiner mit Champion-Titel. 1925 wurde der Southern Dalmatian Club (jetzt Britischer Dalmatiner Klub) gegründet, deren

Die erste Ausstellung in England

Im Jahre 1930 fand in Großbritannien die allererste Rassehunde-Ausstellung für Dalmatiner statt. Die beiden damals separat gegründeten Clubs vereinigten sich noch im selben Jahr zum Britischen Dalmatiner-Klub.

Wie diese Illustration aus dem siebzehnten Jahrhundert zeigt, scheint die Bengalische Bracke ein Vorgänger des Dalmatiners gewesen zu sein. In alten englischen Hundebüchern wird dem Dalmatiner diese Herkunft zugewiesen.

Champion (Ch.) Golden Dawn of Coelan aus den 30er Jahren, eine sehr gut gezeichnete und wohlproportionierte Hündin. Die Besitzerin war Miss Stephenson.

Wussten Sie schon?

Der Beste der Besten ein Dalmatiner! Im Jahre 1968 wurde der Dalmatiner Ch. Fanhill Faune der Supreme Champion auf der Crufts Dog Show, der größten und bedeutendsten Hundeausstellung Großbritanniens.

Vorsitz Mr. Fred Kemp als Präsident übernahm. Mr. Kemp ist derjenige, der das Überleben dieser Rasse nach allen Verwüstungen des Ersten Weltkrieges in England ermöglichte. Die Zuchtbasis der Dalmatiner konnte durch seine Zuchtlinien erhalten und aufgebaut werden.

Auf diesem Foto aus dem Jahre 1931 posiert Miss Griselda Harvey mit ihren zwei Dalmatinern.

Nach dem Ersten Weltkrieg stieg die Popularität des Dalmatiners ständig an. 1918 waren lediglich zwei Zuchttiere im Britischen Kennel Club registriert. Innerhalb der nächsten 15 Jahre erhöhte sich die Zahl auf beinahe 900 Registrierungen. In den 30er Jahren des vergangenen Jahrhunderts etablierten sich zahlreiche wichtige Blutlinien. Sie bildeten eine Basis, die die Qualität der Rasse in der ganzen Welt verbesserte. Viele in England geborene Dalmatiner wurden in andere Länder exportiert und stellten den Grundstock vieler Zuchtlinien dar. Ein Beispiel ist die Zuchtstätte „of the Wells". Dieser Zwinger brachte nicht nur große Champions in England hervor; viele „of the Wells" Hunde spielten eine bedeutende Rolle bei der Gründung wichtiger amerikanischer Zuchtstätten.
Seit dem Ende des Zweiten Weltkrieges hielt sich die Zahl der als Familien- oder Ausstellungshund gehaltenen Dalmatiner ziemlich konstant. In England haben es sich die Dalmatiner-Rassehundeklubs zur Aufgabe gemacht, die Dalmatiner-Zucht zu erhalten, zu fördern und Informationen über die Rasse an zukünftige Eigentümer weiterzugeben. Heute findet sich der Dalmatiner als eine der populärsten Rassen unter den „Top 20" wieder, entsprechend der Eintragungen beim Kennel Club.

"Schau mal hier!", der Dalmatiner und sein junger Freund schauen beide staunend einem vorüberfliegen dem Flugzeug nach.
(Foto um 1930)

Eine berühmte, auf Crufts-Austellungen sehr bekannte Dalmatiner Züchterin war Ms. L. B. Clay. Das Foto zeigt einen ihrer Welpen. Die Entwicklung der Fleckung beginnt gerade.

Wussten Sie schon?

Um die „Ursprungsfunktion" des Hundes zu erhalten, führte der Amerikanische Dalmatiner-Klub, eine Prüfung als Kutschen- und Pferdebegleithund ein. Der erste Wettkampf dieser Art fand 1906 in Pennsylvania statt. Jeder Hund lief an einer Pferdekutsche mit. Die Bewertung wurde zu 75% auf die Begleitfähigkeit und zu 25% am Aussehen des Hundes gemessen. Im zunehmenden Zeitalter der Motorisierung nahm die Zahl der Kutschen ab. Nun lief jeder Hund am Pferd mit Reiter auf Distanzen über 12,5 oder 25 Meilen. Der DCA unterstützt noch heute Wettkämpfe dieser Art. Sie finden normalerweise in Verbindung mit den nationalen Wettkämpfen in geeignetem Gelände statt.

Dreimal „101 Dalmatiner"

Im Jahre 1956 wurde das Buch der Englischen Autorin Dodie Smith „101 Dalmatiner" veröffentlicht. 1961 kam Disneys Zeichentrickfilm „101 Dalmatiner" in die Kinos. 1996 wurde dieser Film erneut aufgelegt, nur diesmal mit lebenden Darstellern und Hunden!

Der erste Dalmatiner wurde beim American Kennel Club jedoch erst 1887 registriert. Es handelte sich um eine Hündin namens „Bessie".
Die ersten Zuchttiere wurden 1883 eingetragen, aber die Nachfrage nach dieser Rasse war nicht besonders groß. 1904 wurde einem Dalmatiner der erste Championtitel zuerkannt. In diesem Jahr wurden ebenfalls die organisatorischen Grundlagen für den Amerikanischen Dalmatiner-Klub geschaffen. Im Jahr darauf gründete man den „Dalmatian Club of America (DCA)". Der DCA war bestrebt, die Popularität des Dalmatiners in den USA zu fördern.
In den Anfangszeiten war keine Zuchtzulassung erforderlich, so dass die Eintragungen ein sehr ungenaues Bild über die Anzahl der gezüchteten Dalmatiner ergaben. Erste Beliebtheit erlangte der Dalmatiner im Nordosten der Vereinigten Staaten. Dort in den „Neuengland"-Staaten fanden auch die meisten Ausstellungen statt. Neben den Zuchtschauen waren ebenfalls die Road Trials sehr beliebt. Hier konnte man die natürlichen Anlagen der Hunde als Kutschenbegleithund beurteilen, der ursprüngliche Zweck, für den diese Rasse

Eine niedliche Gruppe Dalmatiner-Welpen. Erste Tupfen kommen schon nach zehn Tagen durch und sind bei diesen etwa sechs Wochen alten Welpen bereits gut zu erkennen.

Der Dalmatiner in Amerika

In Amerika hat sich der Dalmatiner zu einem „Star" unter den Hunderassen entwickelt. Zu dieser Berühmtheit gelangte er in einem nicht unerheblichen Maße seit Erscheinen des Walt-Disney-Films „101 Dalmatiner" (und die Vermarktung durch die Spielzeugindustrie boomt!). Es dauerte eine gewisse Zeit, bis die Amerikaner auf diesen Hund aufmerksam wurden. Heute ist er aus der amerikanischen Hundewelt nicht mehr wegzudenken. Erstklassige englische Blutlinien haben ihren Teil zur Verbesserung der amerikanischen Zucht beigetragen.
Aufzeichnungen zeigen, dass George Washington bereits „Coach Dogs" im späten achtzehnten Jahrhundert besaß.

Champion-Hunde aus den dreißiger Jahren. All diese Hunde waren im Besitz der sehr bekannten Züchterin Mrs. D. K. Hackney of Essex. Der zweite Hund links ist der weltberühmte Champion Snow Leopard.

gezüchtet wurde. Beurteilung von Exterieur spielte bei diesen Prüfungen nur eine untergeordnete Rolle. Das Hauptaugenmerk legte man auf die Arbeitsfähigkeiten des Hundes.

Ebenso wie ihre englischen „Kollegen" wurden die Dalmatiner in Amerika als „Firehouse Dogs" gehalten. Als Begleiter wurden sie von den Feuerwehrmännern hoch geschätzt. Wenn die Feuerwehr zu einem Brand gerufen wurde, fühlte sich der Dalmatiner verpflichtet, den Wagen zu Fuß zu begleiten. Noch heute wird er als Maskottchen in den Feuerwehrstationen gehalten. Dalmatiner bilden bei Demonstrationszwecken von Feuerunterweisungen in Schulen oft das Bindeglied zu den Schülern.

Auf Abbildungen kann man Dalmatiner sehen, die rote Feuerwehrhelme tragen oder in einem Feuerwehrwagen mitfahren. Feuerwehrrot gilt als Begleitfarbe für den Dalmatiner. Viele Besitzer sind der Meinung, dass ein rotes Halsband ihrem Hund am besten steht.

Dalmatiner sind heute sehr beliebt in den USA. Es gibt eine sehr große Zahl von Familienhunden und eine ebenso große Zahl ständig ansteigender Meldungen bei Spezialausstellungen und Allgemeinen Zuchtschauen. Dalmatiner haben sich einen Platz in einem weiten Feld von verschiedensten Aktivitäten erobert. Dies umfasst Agility, Gehorsamstraining, Road Trials, Flyball, Wandern und vieles mehr. Der Dalma-

Wussten Sie schon?

In England wurden während der Kriegsjahre keine größeren Ausstellungen ausgerichtet. Kleinere, sogenannte „Radius Shows" in einem 25 Meilen-Umkreis waren sehr populär. Auch die Hundezucht kam in dieser Zeit zum Erliegen. Das normale Zucht- und Ausstellungsgeschehen stellte sich erst nach 1945 wieder ein.

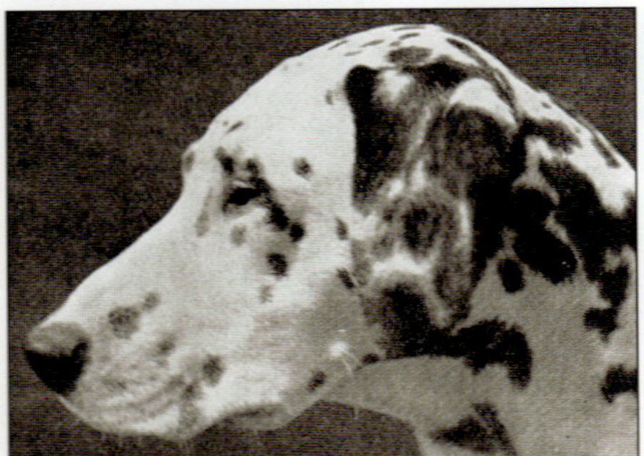

Ein für diese Rasse typisches feminines Kopfmodell der siegreichen Hündin Westella Venture der Besitzerin Miss Barnes.

Mutterhündin und Welpen in einer schönen Pose. Beachten Sie die unterschiedliche Ohrenzeichnung der Hunde.

tiner wird in Amerika außerdem als Therapie- und Rettungshund eingesetzt. Die Neuverfilmung von „101 Dalmatiner" zog eine enorm große Welpennachfrage nach sich. Der DCA sah sich mit neuen Problemen konfrontiert. Deshalb hat er viel getan, um die Verantwortung von Züchtern und Besitzern zu fördern. Außerdem wurde eine flächendeckende Dalmatiner-Nothilfe ins Leben gerufen.

Der Dalmatiner in Australien

Auch in Australien hat der Dalmatiner ein wunderbares Zuhause gefunden. Seine Entwicklung weicht von der in England und Amerika ab. Auch wenn er wie dort den Reiter oder die Kutsche begleitete, so setzte man ihn hauptsächlich als Jagdhund und auch ganz speziell für die Wasserarbeit ein. Während der Rest der Welt sich den Dalmatiner nicht in dieser Disziplin vorstellen kann (in USA gehört er der „nicht-jagenden Gruppe" an), wird er in Australien ebenso jagdlich eingesetzt wie die Retriever, Spaniel oder Setter.

Die ersten Aufzeichnungen über Dalmatiner auf Zuchtschauen stammen aus den späten 1880er Jahren. Allerdings brachte diese Rasse bis in den 1930er Jahren keine bedeutenden Erfolge hervor. Die wichtigen Einschnitte für den Dalmatiner in Australien liegen in den Jahren zwischen 1930 und 1940. Dies war die Zeit, in der man auf diese Rasse aufmerksam wurde und in der die meisten Zuchtstätten große Anerkennung fanden. Mit dem Import englischer und teilweise amerikanischer Blutlinien schaffte man ein Fundament für Qualität. Diese neue Popularität des Dalmatiners hielt Einzug in den Ausstellungsringen.

Heute gibt es viele hervorragende Dalmatiner-Zuchtlinien in Australien. Gleichfalls werden weiterhin Hunde importiert. Der Dalmatiner ist in Australien sehr beliebt und ausgesprochen bekannt für seine Vielseitigkeit. Man trifft ihn auf zahlreichen Veranstaltungen des Hundesports, ebenso wie auf

Obwohl der Dalmatiner eigentlich nicht zu den Apportierhundrassen gehört, wurde er vielfach zu dieser Aufgabe bei der Wasserarbeit herangezogen, da ein Dalmatiner das Wasser keineswegs scheut.

Schönheitsausstellungen, Gehorsamsprüfungen, Agility, Ausdauertests, Flyball, Fährtensuche und anderes. Die Zulassungsbestimmungen werden in Australien von den jeweiligen Regierungen in jedem australischen Staat festgesetzt. Außerdem gibt der Australian National Kennel Council (ANKC) übergeordnete Regeln vor.

Der Dalmatiner ist ein idealer Begleithund mit vielen Fähigkeiten. Auch in Australien hat er seinen Platz in den Feuerwachen eingenommen. Er ist in zahlreichen öffentlichen Sicherheitsprogrammen integriert, in der den Kindern das Thema „Feuersicherheit" nahegebracht werden soll.

Der Dalmatiner in Deutschland

Seit mehr als 300 Jahren findet man in Deutschland Anhaltspunkte für eine Geschichte der Dalmatiner. Ebenso wie in England wurde er auch hier als Begleithund gehalten, bevor er öffentliche Aufmerksamkeit erlangte. Auf der Ausstellung in Berlin wurde 1870 die Hündin Berolina des Herrn Hugo Damm aus Berlin gezeigt. In der ersten Dalmatinerklasse in Hannover 1879 waren zwei seiner Hunde vertreten. Für die nächsten folgenden Jahrzehnte nahm die Zahl der Dalmatiner auf Ausstellungen langsam, aber stetig zu. Auch in Deutschland hatte der Erste Weltkrieg große Auswirkungen auf die Zucht. So war die Zuchtbasis derart zurückgegangen, dass ein

Ein hervorragender Vertreter der Rasse: dieser in den Niederlanden gezüchtete Dalmatiner.

völliges Verschwinden dieser Rasse zu befürchten war. Herrn Ernst Friedrich aus Belleben in Sachsen-Anhalt ist es zu verdanken, dass dies nicht geschah. Zusammen mit den Herren Schiementz und Hohlbein gründete er 1920 den Verein der Dalmatiner-Freunde in Deutschland. Die Stammhündin seiner Zucht war Flora vom Kolberg (*1914). Diese Hündin wurde unter seinem Zwingernamen „Vom Mannsfelder Land“ unter der Zuchtbuchnummer 32 als Flora vom Mannsfelder Land eingetragen und bildete mit dem Stammvater Zello von Schiementzshausen die Basis seiner Dalmatinerzucht. Das Ziel war ein Wiederaufleben dieser Rasse. Der Zwinger „von der Nordseewacht“ des Herrn Ferdinand Kamps aus Cuxhaven bildete mit vielen englischen Importhunden einen wichtigen Grundstein für die Auffrischung und Verbreitung der Blutlinien. In den Jahren zwischen den beiden Weltkriegen musste sich die Rasse strengen Zuchtregularien unterwerfen. Während der Kriege kam die Hundezucht quasi zum Erliegen.

Als nach dem Zweiten Weltkrieg die Zucht langsam wieder begann, zeigten sich neue Probleme durch die Teilung Deutschlands in Ost und West. Wurden die Würfe bis 1947 in das Reichszuchtbuch und ins Sammelzuchtbuch des Deutschen Kartells für Hundewesen eingetragen, so führte man ab 1947 ein eigenes Dalmatinerzuchtbuch. Die Gründung des Nachfolgeklubs des Vereins der Dalmatiner-Freunde erfolgte 1954 in Karlsruhe. Der Verein wurde dort 1955 als Deutscher Dalmatiner-Club von 1920 e.V. beim Vereinsregister eingetragen. Der erste 1. Vorsitzende war Herr Hermann Gatzer aus Schramberg im Schwarzwald. In Ostdeutschland gab es die Spezialzuchtvereinigung Dalmatiner, die von Herrn Fritz Thier aus Leipzig betreut wurde.

Züchter wie Frau Erika Harris („vom Helmstedter Lappwald), Elly Beer („vom Mellensee“), Heinrich Brosius („von Saalmünster), Edith Huch („vom Braunschweiger Okerstrand“), Irmgart Hüsmert-Brosius („von Waldhagen) und Otti Moritz („vom Richardshof) prägten die Zucht bis über die 50er Jahre hinaus. Die erfolgreiche Züchterin Elly Beer mit Ihrem Zwinger „vom Mellensee“ gehörte nun zu den Züchtern in der „DDR“. Sie führte dort viele Jahre das Zuchtbuch.

Dieses Foto aus den zwanziger Jahren zeigt Dalmatiner beim Training - eine Art Vorläufer des modernen Agility.

Gegen Ende der 50er Jahre endete die Selbständigkeit der Dalmatiner-Züchter der DDR, als die Hundezucht und der Hundesport der paramilitärischen Organisation Gesellschaft für Sport und Technik unterstellt wurden. Die Dalmatiner wurden als Schutz- und Gebrauchshunde eingestuft.
Wie die Teilung Deutschlands teilte sich auch das Zuchtziel des Dalmatiners. Das äußere Erscheinungsbild war noch das gleiche, aber die Charaktereigenschaften begannen sich zu unterscheiden. In Westdeutschland züchtete man Begleithunde von sanftem Temperament, während man in der DDR nun die Dalmatiner den Doggen angliederte, sie zu aggressiver Schutzhundarbeit ausbildete und die Zucht entsprechend beeinflusste.
In der Bundesrepublik gab es 1988 eine Abspaltung des Dalmatiner-Clubs aus dem der Club für Dalmatiner-Freunde e. V. gegründet wurde. Wenig später formierte sich ein dritter Dalmatinerklub, der Dalmatiner Verein Deutschland e. V. Alle drei Klubs sind gleichberechtigt und offiziell vom Verband für das Deutsche Hundewesen anerkannt.
Die Wiedervereinigung Deutschlands brachte das „Aus" für den ostdeutschen Dalmatiner-Klub. Die Mehrzahl seiner Züchter schlossen sich den verschiedenen Vereinen der Bundesrepublik Deutschland an. Gemeinsam verfolgen Sie das Ziel, einen Dalmatiner von einheitlichen Typ und Temperament zu züchten. Gegen Ende der 80er Jahre begann man zusätzlich durch Importtiere die Blutlinien zu verbessern und zu festigen.

Der Dalmatiner weltweit

Der Dalmatiner ist eine weltweit beliebte Hunderasse. Rund um den Globus, von Kanada bis Südafrika, haben sich Rassehundeklubs der Förderung und Erhaltung des Dalmatiners verschrieben. Egal wohin in der Welt es den Dalmatiner verschlagen hat: Es gibt keinen Zweifel daran, dass er eine der auffälligsten Hunderassen und vielleicht sogar die bemerkenswerteste ist. Rasseliebhaber in aller Welt lassen keinen Zweifel daran, dass den Dalmatiner mehr ausmacht als sein einzigartiges Aussehen. Hinter seinen „Tupfen" liegt ein wunderbares Wesen von edler Herkunft und altem Erbe.

Oben: Champion Midston Ebony im Besitz von Mrs J. W. Bonney gezüchtet in England.

Unten: Der Rüde Goworth Victor im Besitz von Miss E. V. Barnes, ein „Crufts"-Sieger.

Die Wesensmerkmale des Dalmatiners

Die die Frage: „Warum einen Dalmatiner?" ist erst einmal leicht zu beantworten. Warum? Weil seine Fleckung etwas ganz Besonderes ist! Warum? Weil Dalmatiner ein herausragendes, offenes Wesen haben. Warum? Weil wir gerade den Film „101 Dalmatiner" gesehen haben und unbedingt einen Hund wie Pongo und Perdita besitzen müssen!
Es stimmt, der Dalmatiner hat ein außergewöhnliches Aussehen, einen wundervollen Charakter und liebt die Gesellschaft des Menschen. Wenn aber Ihre Eindrücke über diesen Hund nur auf die Kenntnisse aus einem Film beruhen, reicht dies nicht aus. Sie müssen noch sehr viel hinzu lernen, um diesen Hund zu verstehen und ihn zu einen gehorsamen Familienhund zu erziehen. Sie müssen alle seine „Punkte" betrachten und abwägen, ob ein Dalmatiner auch für Sie der richtige Hund ist. Jeder zukünf-

Dalmatiner sind wunderbare Haustiere, vorausgesetzt sie bekommen genug Aufmerksamkeit und ausreichend Bewegung. Sie wollen nichts mehr, als in die Familie integriert zu werden.

tige Hundebesitzer muss ausreichende Kenntnisse erwerben und die Bereitschaft zur Verantwortung für einen Hund übernehmen wollen. Das ist unabdingbare Voraussetzung beim Hundekauf. Ein Fernsehhund kann niemals ein reales Zusammenleben in einer Familie widerspiegeln. Im Film sind alle Hunde besonders intelligent, besonders gut trainiert und gaukeln dem Zuschauer eine Welt vor, die eben nur im Film existieren kann. In der Realität haben wir es mit einem Lebewesen zu tun, in dessen Lebensweise wir uns hineindenken und die wir bei der Erziehung beachten müssen. Das ist oft nicht so einfach, wie es scheint. Dennoch soll Sie dies als potentieller Dalmatiner-Besitzer nicht abschrecken. Ein Dalmatiner ist ein wirklich wunderbarer Hund. Ein wundervoller Hund, ja, jedoch kein Hund für jedermann. Diese Informationen sollen darauf hinweisen, wie wichtig die richtige Einschätzung der Rasseeigenschaften für den neuen Eigentümer ist. Lesen Sie dieses Buch aufmerksam durch. Wenn Sie zu dem Ergebnis kommen, der Dalmatiner ist in der Tat die richtige Rasse für Sie, wünschen wir Ihnen viel Freude mit Ihrem neuen gefleckten Freund.

Das äußere Erscheinungsbild des Dalmatiners

Beginnen wir zunächst mit seinem markantesten Merkmal. Der Dalmatiner ist eine der bekanntesten Hunderassen der Welt und das liegt natürlich an seiner auffälligen Tüpfelung. Vom rein äußerlichen Standpunkt her sind es die Tupfen, die den Dalmatiner zu einem Dalmatiner machen. Die Fleckung als Rassemerkmal des Dalmatiners sagt jedoch für sich allein nichts über die physischen Eigenschaften der Rasse aus.

Der Dalmatiner ist ein mittelgroßer Hund mit athletischem Körperbau. In guter Kondition ist er eine sehr augenfällige Erscheinung. Diese aktive Laufhundrasse wurde ursprünglich zu Arbeitszwecken, dem Schutz der Kutschen und für die Jagd gezüchtet. Dies sollten Sie stets in Erinnerung behalten. Ein Hund wie der Dalmatiner stellt an seinen Besitzer große Anforderungen an Aktivität. Er ist ein starker, muskulöser und lebhafter Hund. Deshalb gibt es bei seiner Haltung auch für Fettleibigkeit keine Entschuldigung. Überfütterung

Wussten Sie schon?

Namen so zahlreich wie seine Tupfen: Während seiner langen Geschichte bekam der Dalmatiner aufgrund seiner unverkennbaren Fleckung die unterschiedlichsten und absonderlichsten Spitznamen. So hieß er in England auch „Plum Pudding Dog“ und „Spotted Dick“.

Bereits bei diesem jungen Welpen aus holländischer Zucht sieht man die Eleganz der Rasse heranwachsen.

Dalmatiner

Der Dalmatiner ist ein mittelgroßer Hund mit einem muskulösen, sportlichen Körper. Um ihn als idealen und ausgeglichen Familienhund zu erhalten, benötigt er viel Auslauf und Bewegung.

Diese kleinen Welpen bekommen wahrscheinlich die gleichen großen Tupfen, wie sie bei der Mutterhündin zu erkennen sind.Dank der Fleckung ist diese Rasse unverkennbar.

und mangelnde Bewegung passen nicht in das Rassebild eines Dalmatiners. Ein Dalmatiner ist fähig, mit großer Ausdauer schnell zu laufen. Hätte er die Wahl, so würde er sicherlich den ganzen Tag mit Rennen verbringen. Aber es ist nicht nötig, dass Sie deshalb nun zum Marathonläufer werden. Schon die mehrmaligen, täglichen Spaziergänge halten ihren Hund fit und verschaffen ihm ein gesundes Aussehen.

Das Gesamtbild des Dalmatiner sollte ausgewogen und wohlproportioniert sein. Er sollte symmetrisch in seinen Umrissen und frei von Grobheiten sein. Dies sind die wesentlichen Voraussetzungen, um den Grundlagen dieser Rasse zu entsprechen.

Der Dalmatiner gehört zu den kurzhaarigen Hunderassen, langhaarige Exemplare sind keinesfalls reinrassig. Sein kurzes, dichtes, hartes, glänzendes Fell variiert dennoch von Hund zu Hund. Auch die Haarlänge zeigt kleine Unterschiede auf. Sein Fell erfordert keine auf-

wendige Pflege. Es sollte aber dennoch nicht außer acht gelassen werden, dass manche Dalmatiner im Fellwechsel mehr Haare verlieren als andere. Die kleinen weißen Haare sieht man besonders gut an schwarzer Kleidung, und die schwarzen Haare setzen sich deutlich in einem weißen Sofa fest. Wenn man dies jedoch mit anderen Rassen vergleicht, so hat man es lediglich mit einem allgemeinen Hundeproblem zu tun. Vergleicht man es mit der Freude, die Ihnen Ihr Haustier bringt, ist es natürlich nur eine Nebensächlichkeit. Dennoch sollte dies beim Kauf eines Dalmatiners bedacht werden. Die richtige Ernährung und die Pflege (beispielsweise mit einem Noppenhandschuh), hilft Ihnen das Fell Ihres Dalmatiners fest und gesund aussehen zu lassen.

Mit diesem überschwenglichen Hund begegnen Sie auch seiner überschwenglichen Rute. Sie werden erstaunt sein, wie schnell ein Dalmatiner mit seinem fröhlich wedelnden Schwanz ungewollt einen niedrigen Frühstückstisch abräumen kann. Nehmen Sie sich deshalb die

Zeit, Vorsichtsmaßnahmen zu treffen, um wertvolle Gegenstände außer Reichweite zu bringen.

Oft sind Dalmatiner überschwenglich und voller Energie, aber eine kleine Pause gönnt sich jeder Hund gern.

Persönlichkeit

Überschwenglichkeit, Energie und Zuneigung, dies sind alles Begriffe, die auf den Dalmatiner zutreffen. Es ist eine Rasse mit einer ausgeprägten Lebensfreude. Der Hund genießt förmlich jede Art von Aktivität. Er ist intelligent, extrem lernfähig, manchmal ein bisschen stur und man kann ihm fast alles beibringen. Mit großer Begeisterung beweist er sein Können. Es ist sehr wichtig, ihn in den Tagesablauf der gesamten Familie mit einzubeziehen. Natürlich wird der Dalmatiner einen Teil seiner Energie durch Toben im eigenen Garten los, dennoch ist es wichtig, ihn auch mit anderen Hunden in Kontakt zu bringen. Gemeinsame Spiele mit Artgenossen fördern seine Sozialisierung. Ebenso liebt der Dalmatiner eine ausgiebige Beschäftigung mit seinem Besitzer. Er ist jederzeit zu einem kleinen Spiel bereit, liebt Spaziergänge und ist ein ausdauernder Begleiter neben dem Fahrrad oder Pferd.

Die enge Bindung an seinen Besitzer mag manchen überraschen, wenn man bedenkt, dass der Dalmatiner ursprünglich als Arbeitshund gezüchtet wurde. Gerade diese Fähigkeiten sind es aber, die ihm auch einen Hauch von Unabhängigkeit erhalten haben. Seine Tendenz zur Eigenständigkeit sollte man nicht unterschätzen. Ein unbeaufsichtigter Hund erkundet gern seine Umgebung. Es ist also unerlässlich, ihn konsequent zu erziehen. Während der Dalmatiner einerseits bestrebt ist, seinen eigenen Kopf durchzusetzen, ist er andererseits ausgesprochen menschenbezogen und fühlt sich seinem Herrn sehr verpflichtet.

Es ist natürlich eine große Freude, Besitzer eines hervorragend ausgebildeten Hundes aus guter Zucht zu sein. Auf Ausstellungen dann noch Preise und Titel zu gewinnen, ist das Allergrößte.

Wenn wir uns in Erinnerung rufen, dass er seine Aufgabe als Bewacher in seiner Zeit als Kutschenbegleithund selbständig ausführen musste, und dies ohne konstante Anweisung seines Herrn, so hat er sich dennoch zu einem Hund entwickelt, der bestrebt ist, seinem Besitzer überall hin zu folgen. Sieht man den Zusammenhang zwischen Zuneigung zum Menschen und der Intelligenz dieser Rasse, findet man im Dalmatiner den idealen Begleithund. Es scheint, als ob er die Stimmungslagen seines Besitzers verstünde und sich dementsprechend darauf einstellte. Er folgt Ihnen gern zum fröhlichen Spiel in den Garten. Sind Sie einmal bedrückt, möchte er ihnen einfach nur nah sein. Es wird oft eine falsche Vorstellung vom Dalmatiner vertreten, indem man ihn als nervösen und schwer zu kontrollierenden Hund darstellt. Allgemein gesehen könnte man das über jeden Hund sagen. Jeder unerzogene und unausgelastete Hund benimmt sich flegelhaft. Es liegt also an Ihnen, wie Ihr Hund sich präsentieren soll. Vergessen Sie nie, dass eine der Grundeigenschaften des Dalmatiners seine unerschöpfliche Energie ist! Sie sollten mit seiner Ausbildung deshalb sehr früh beginnen.

Der Dalmatiner eignet sich nicht für Zwingerhaltung. Ebenso wie er seine tägliche Bewegung benötigt, möchte er in seine Familie integriert sein und am häuslichen Leben teilnehmen. Als umgänglicher Familienhund versteht er sich sehr gut mit Kindern. Doch auch

„Wieso hast du eigentlich keine Tupfen wie ich?“ könnte die Frage des Dalmatiners an das Lamm lauten.

Sozialisierung ist beim Haustier besonders wichtig. Normalerweise möchten alle Lebewesen in Frieden und Harmonie zusammen leben.

diese sollten den korrekten Umgang mit dem Hund lernen. Unabhängig von der Rasse, sollte man niemals Kinder und Hunde unbeaufsichtigt miteinander spielen lassen.

Oft wird geglaubt, dass Dalmatiner anderen Hunden gegenüber zu aggressivem Verhalten neigen. Auch dies resultiert aus seiner ehemaligen Funktion als Beschützer von Pferden und Kutschen. Näherte sich ein streunender Hund, war es die Pflicht des Dalmatiners, diesen abzuwehren. Deshalb sollte jeder Welpe bereits beim Züchter auf andere Tiere geprägt werden. Wenn Sie dann den heranwachsenden Welpen weiterhin gut auf seine Umwelt sozialisieren, wird er sich gut mit anderen Hunden vertragen. Der natürliche Beschützerinstinkt des Dalmatiners kann eine wertvolle Eigenschaft darstellen, denn im Ernstfall können Sie auf ihn zählen. Durch sein aufgeregtes Bellen signalisiert er Ihnen, wenn etwas nicht in Ordnung ist.

Sind Sie der richtige Besitzer für einen Dalmatiner?

Ein Dalmatinerbesitzer muss genügend Zeit haben und Geduld für diese Rasse aufbringen. Es ist kein Hund, der sich selbst überlassen werden darf. Ein Dalmatiner entfaltet seine wunderbare Persönlichkeit, indem sein Verhalten durch richtige Erziehung in entsprechende Bahnen gelenkt wird. Wird er allerdings nicht konsequent erzogen, kann er sich

Dalmatiner haben eine lange Geschichte in der Feuerwehr. Sie gehörten einfach dazu, als in früheren Zeiten die Löschwagen von Pferden gezogen wurden.

zu einem sehr anstrengenden Hausgenossen entwickeln.
Der neue Besitzer sollte möglichst sportlich und aktiv sein und sich viel in der freien Natur aufhalten. Der Dalmatiner liebt es, in den Tagesrhythmus seines Besitzers einbezogen zu werden. Ein Dalmatiner ist ein Familienhund und gehört mit ins Haus. Er sollte genügend Auslauf erhalten und nach Möglichkeit einen sicher umzäunten Garten als Freiraum benutzen dürfen. Er liebt das freie Spiel geradezu, weil er so eine große Portion Energie abbauen kann. Lassen Sie Ihn dennoch nie unbeaufsichtigt! Es gibt Dalmatiner, die in Wohnungen gehalten werden. Hierbei sollte die Verantwortung des Eigentümers groß genug sein, ihm genügend Abwechslung und Auslauf zu bieten. Dalmatiner sind Hunde, die sich in den unterschiedlichsten Umgebungen wohl fühlen. Im warmen Klima genießen sie es, zu wandern, Klettertouren oder Spaziergänge am Strand zu unternehmen. In kälteren Regionen haben sie ebenso ihren Spaß daran, im Schnee herumzutollen. In welchen Gegenden der Dalmatiner auch gehalten wird, bedarf es eines Ausgleichs zwischen Aktivität im Freien und den Zeiten, wenn er mit seiner Familie zu Hause sein darf.

Rassespezifische Gesundheitsaspekte

Einige Gesundheitsprobleme betreffen auch den Dalmatiner und werden hier deshalb kurz erörtert. Nicht, um dem zukünftigen Eigentümer diese Rasse auszureden oder ihn zu beunruhigen, sondern um hilfreiche Information zu geben. Jeder Dalmatiner-Besitzer sollte mit diesen Informationen vertraut sein.
Taubheit ist beim Dalmatiner ebenso wie bei allen „weißhaarigen" Rassen genetisch verankert. Taubheit ist keine behandelbare Erkrankung. Trotzdem ist sie ein Problem. Ein Dalmatiner wird mit der Fähigkeit zu hören geboren oder nicht. Bei der angeborenen Taubheit handelt es sich nicht um etwas, das der Hund im Laufe seines Wachstums erwerben kann. Taubheit kann bei einem Dalmatiner ab der sechsten Lebenswoche sicher nachgewiesen werden. Um sicher zu sein, dass der Welpe hört, sollte man diesen immer von einem angesehenen Züchter kaufen, der ein schriftlich dokumentiertes Ergebnis eines Hörtestes vorlegen kann. Hierbei sollten sowohl der Welpe als auch seine Eltern einen Hörtest nachweisen können. Der Hörtest wird durch einen Tierarzt mit entsprechenden Spezial-Geräten durchgeführt. Man nennt dies im englischen BEAR - brainstem auditory evoked response oder im Deut-

schen auch AEP - audiometrisch evozierte Potentiale. Es werden Gehirnstamm/Gehör-Impulse abgegeben, die eine entsprechende Antwort hervorrufen. Dieses wird im Computerbild aufgezeichnet und der Ausdruck dem Züchter als Nachweis ausgehändigt. Das Ergebnis sollte bei Zuchthunden ein beidseitiges Hörvermögen aufweisen, bei einem einseitigen Ergebnis sollte das hörende Ohr voll hörfähig sein. Auch ein schwerhöriger Dalmatiner hört noch so gut, dass Sie ihm seine Behinderung nicht anmerken.

Ein anderes Problem bei Dalmatiner sind Harntraktinfektionen und Harnsteine. Natürlich sind deshalb nicht gleich alle Hunde davon betroffen. Mit einer korrekten Vorsorge und Ernährung können sogar Tiere, die eine Tendenz zur Uratsteinbildung haben, ein problemfreies Leben führen.

Dalmatiner lieben ihren Herrn über alles und folgen ihm, wohin er auch geht oder fährt.

Wie alle hellhäutigen Hunderassen haben auch Dalmatiner eine empfindliche Haut. Hautprobleme oder Allergien, die mit der Hellhäutigkeit in Verbindung gebracht werden, sind häufig die Folge einer zu eiweißhaltigen Nahrung. Hellhäutige Hunde reagieren empfindlich auf eine zu eiweißreiche Ernährung. Eine Folge der Hautprobleme ist ein ungepflegt aussehendes Fell.

Andere Gesundheitsprobleme kommen auch beim Dalmatiner vor. Magendrehung, Entropium und Epilepsie sind die in Deutschland auftretenden Komplikationen. Ellenbogendysplasie, Hüftgelenksdysplasie, Netzhautablösung (PRA) und IgA-Mangel (Immunstörung) sind hingegen innerhalb der Rassehundezucht durch VDH-Vereine seltene und hier weitestgehend unbekannte Leiden.

Wird ein Dalmatiner richtig ernährt, gepflegt und ihm genügend Bewegung verschafft, kann man mit ihm ein langes und gesundes Leben führen.

Auch Dalmatiner haben spezielle, rassespezifische Zuchtprobleme. Verantwortungsbewußte Züchter tun alles, um diese Probleme aus ihren Linien fernzuhalten. Diese gut umsorgten Welpen genießen den Wärmestrahler in der Welpenstube.

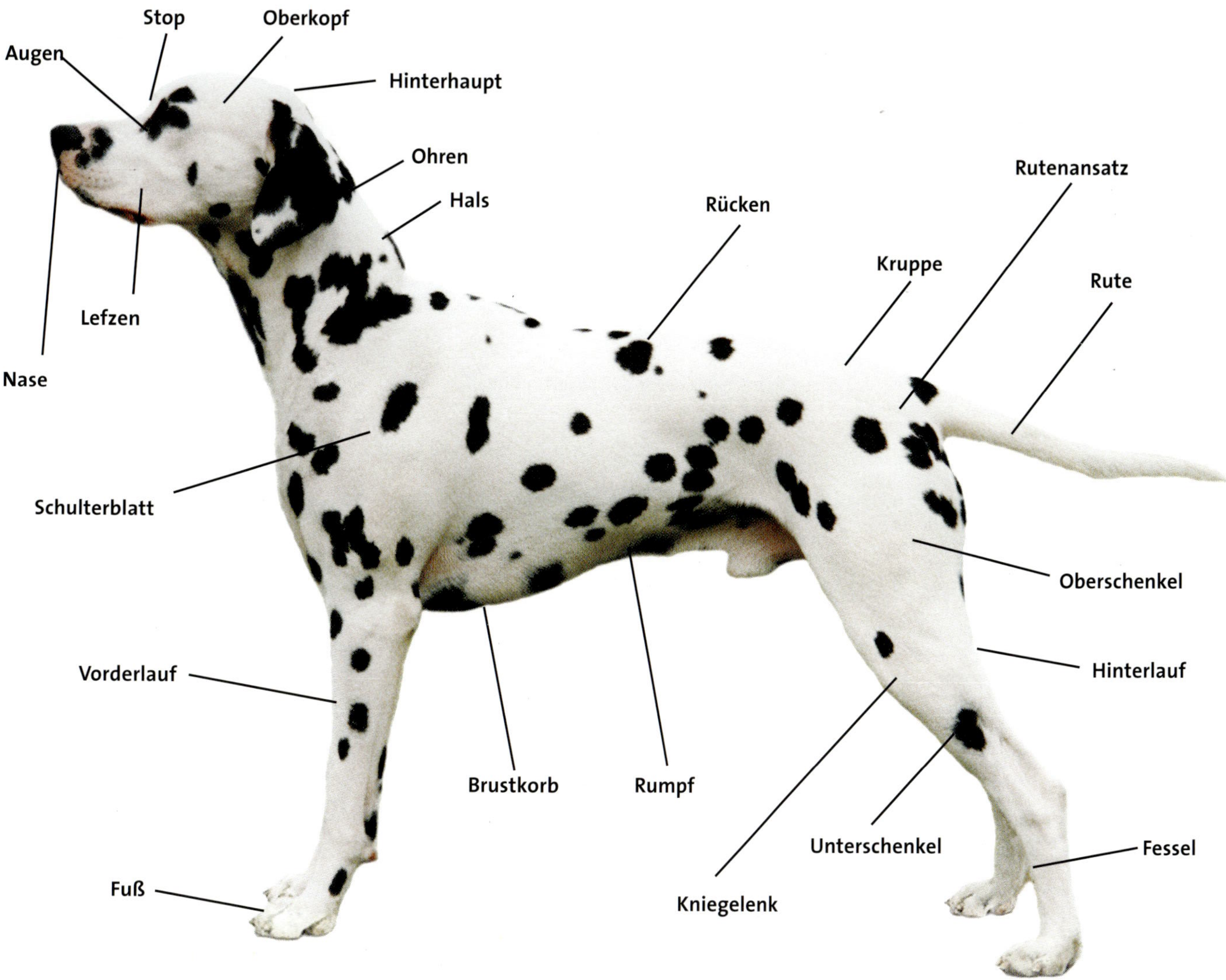
Stop
Oberkopf
Augen
Hinterhaupt
Ohren
Hals
Rücken
Rutenansatz
Kruppe
Rute
Lefzen
Nase
Schulterblatt
Oberschenkel
Vorderlauf
Hinterlauf
Brustkorb
Rumpf
Unterschenkel
Fessel
Fuß
Kniegelenk

Der Rassestandard für den Dalmatiner

Angaben über Aussehen und Charakter sind für jede Hunderasse im jeweiligen Rassestandard festgelegt. Für alle europäischen Länder, ausgenommen England, gilt der nach den Bestimmungen der FCI (Fédération Cynologique Internationale) im Ursprungsland der Rasse festgelegte Rassestandard. Der englische Standard (The Kennel Club of Great Britain) ebenso wie der amerikanische Standard (American Kennel Club) weicht jedoch nur in geringen Punkten vom FCI-Standard ab. Wobei in Amerika auch mit sogenannten „Blauaugen" gezüchtet wird. Dies darf beim Vergleich von Statistiken, beispielsweise bezüglich der Taubheit, nicht außer acht gelassen werden.

Die FCI ist die internationale Dachorganisation für das anerkannte Hundewesen. In England ist hierfür der Britische Kennel Club zuständig. Beide Organisationen erkennen sich gegenseitig an. Der Standard wird als ein Werkzeug verwendet: Von Züchtern beim Beurteilen ihrer Hunde und um Hunde zu züchten, die diesem Standard möglichst entsprechen, von Richtern bei der Beurteilung der Hunde im Ausstellungsring und vom normalen Rasseliebhaber, der wissen möchte, ob sein Hund dem Standard ent-

Der Zuchtstandard ist ein Maßstab, an dem die körperlichen und charakteristischen Merkmale gemessen und beurteilt werden.

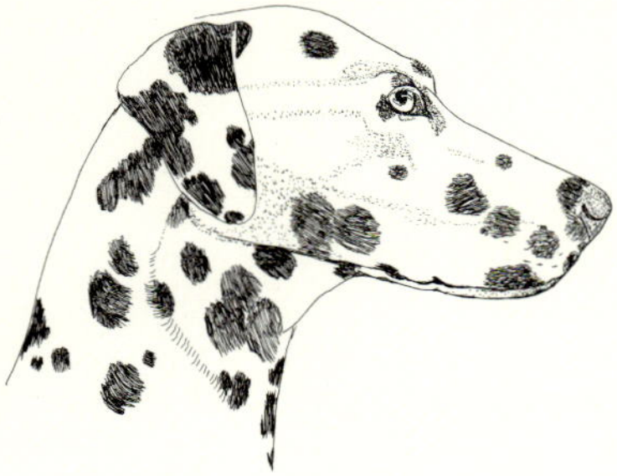

Korrekter Kopf und Hals

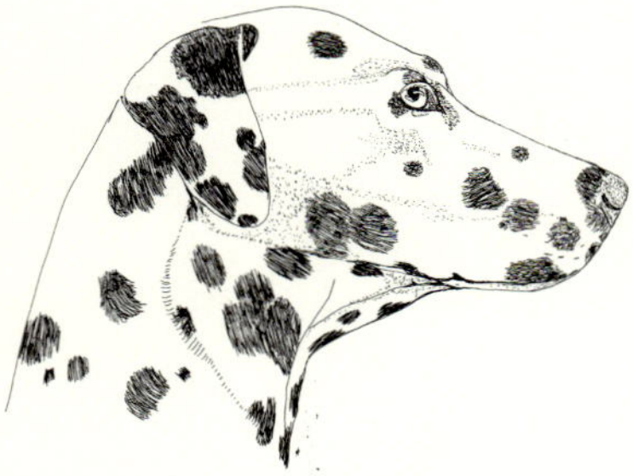

Unerwünschte Kehlhaut

spricht. Das optimale Aussehen des jeweiligen Rassevertreters ist sehr genau beschrieben. Es soll ermöglichen, einen Hund zu züchten, der dieser Spezifikation möglichst nahe kommt. Rassestandards sind sehr wertvoll beim Sicherstellen von geeignetem Zuchtmaterial. Dies ist besonders für die Erhaltung der Rasse von Bedeutung, da eine Zuchtbasis niemals zu klein werden darf. Rassestandards dienen auch dazu, diese Qualitäten zu schützen. Sie stellen sicher, dass keine rassetypischen Eigenschaften verloren gehen, um die Rasse deutlich von anderen zu unterscheiden und um nicht den ursprünglichen Standard und die Zuchtbestimmung der Rasse aus den Augen zu verlieren.

Die Beschreibung der Rasse ist festgelegt im FCI-Standard Nr. 153 D. Das Ursprungsland für den Dalmatiner ist „Dalmatien, Kroatische Republik“ (Patronat FCI). Der Dalmatiner gehört der Gruppe 6 (Laufhunde, Schweißhunde und verwandte Rassen), Sektion 3 (Verwandte Rassen ohne Arbeitsprüfung) an und findet seine Verwendung als Begleithund, Familienhund. Er eignet sich zur Abrichtung als Begleit- und Sanitätshund.

Erscheinungsbild

Der Dalmatiner ist ein augenfällig getupfter, starker, muskulöser und lebhafter Hund. Er ist symmetrisch in seinen Umrissen, frei von Grobheiten und Schwerfälligkeiten und fähig, mit großer Ausdauer schnell zu laufen.

Verhalten und Charakter

Angenehmes Wesen, freundlich, nicht scheu oder zurückhaltend und frei von Nervosität und Aggressivität.

Kopf und Schädel

Der Kopf ist von guter Länge. Der Schädel soll flach, zwischen den Ohren am breitesten und an den Schläfen gut geformt sein. Er soll einen deutlichen Stop aufweisen. Falten sind unerwünscht. Der Fang ist lang und kräftig und darf nicht spitz zulaufen. Die Lefzen sollen eng am Kiefer anliegen und nicht überhängen.

Nase

Die Nase ist beim schwarz getupften Farbschlag immer schwarz und beim braun getupften Farbschlag entsprechend braun.

Fang und Gebiss

Kräftiger Kiefer mit perfektem, regelmäßigem und vollständigen Scherengebiss.

Augen

Die Augen sollen mäßig auseinander liegen und von mittlerer Größe sein; rund, klar und funkelnd, mit einem intelligenten Ausdruck. Beim schwarz getupften Farbschlag müssen die Augen dunkel und beim braun getupften Farbschlag mittelbraun bis bernsteinfarben sein. Die Lidränder sind beim schwarzgetupften Farbschlag durchgehend schwarz und beim braun getupften Farbschlag durchgehend braun.

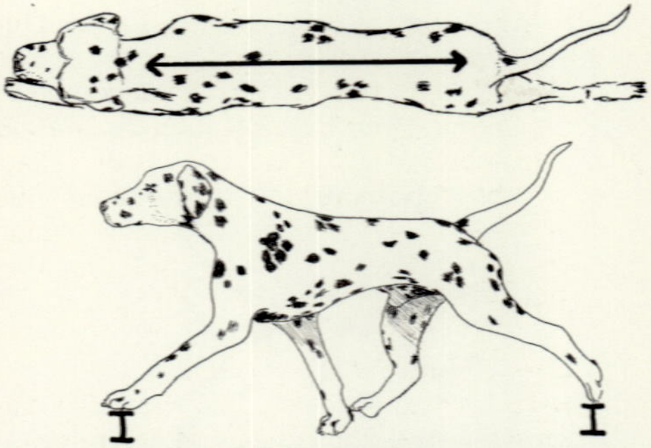

Veranschaulichung einer korrekten Gangart von oben und von der Seite: Der Hund bewegt sich in gerader Linie mit raumgreifenden Schritten der Vor- und Hinterhand.

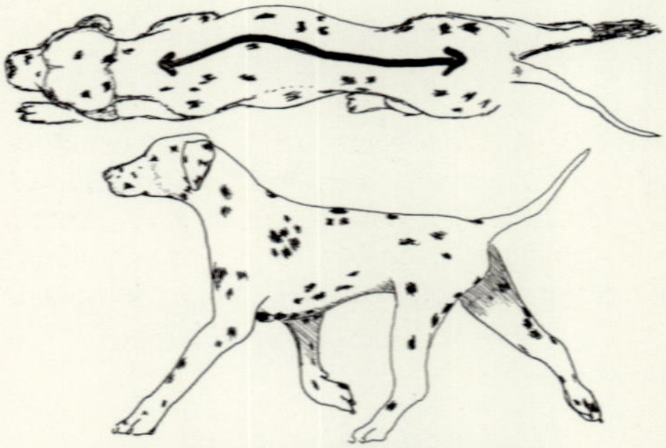

Unerwünschter Paßgang mit kurzen, unregelmäßigen Schritten.

Korrekter Gang, auch bei Beschleunigung sollte eine gerade Linie beibehalten werden.

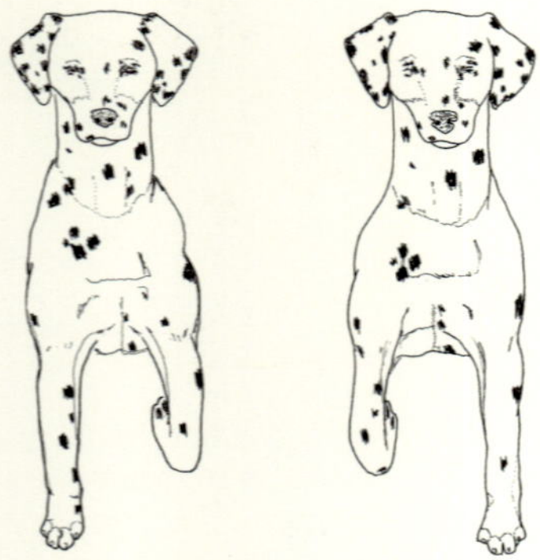

Die Beine sind zu weit auseinanderstehend und können keine einheitliche Linie bilden.

Behang

Die Ohren sind hoch angesetzt, von mittlerer Größe und ziemlich breit im Ansatz. Am Kopf anliegend getragen, werden sie allmählich schmäler bis zu ihrer abgerundeten Spitze. Sie sind dünn und fein in ihrer Struktur und gut getupft.

Hals

Der Hals soll mäßig lang, gut gewölbt und leicht sein. Er soll zum Kopf hin schmaler werden und ohne Wamme sein.

Körper

Die Brust soll tief und geräumig sein. Die Rippen sind gut gewölbt und der Widerrist gut abgesetzt. Der Rücken ist kraftvoll und gerade und die Lenden stark bemuskelt und leicht gewölbt.

Rute

Ungefähr bis zum Sprunggelenkhöcker reichend, kräftig am Ansatz und gegen das Ende gleichmäßig dünner werdend und keinesfalls grob. Die Rute soll weder zu tief noch zu hoch angesetzt sein. Leichte Aufwärtsbewegung, aber keinesfalls geringelt. Tupfen sind erwünscht.

Die Rute sollte in einer leichten Aufwärtsbewegung getragen werden

Sie sollte keinesfalls geringelt über den Rücken getragen werden.

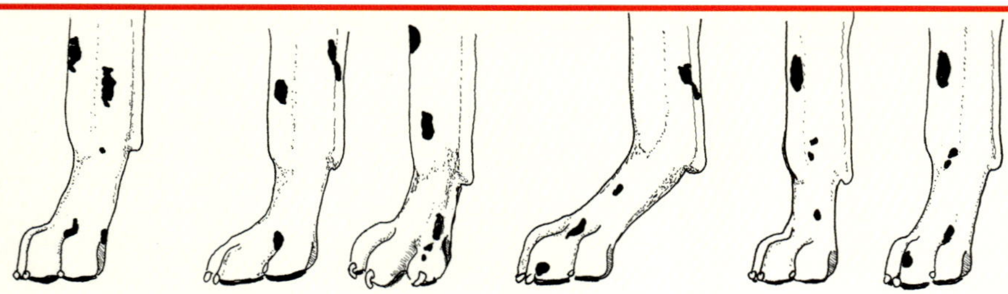

Korrekte Dalmatiner Pfote

Hasenpfote, unkorrekt

Zehen offen, Pfote unkorrekt

Sprunggelenk überwinkelt

Sprunggelenk zu steil

Korrektes Sprunggelenk

Fleckung sehr gut verteilt

Unerwünschte Kopf- und Körperplatten

Sehr stark ineinander laufende Fleckung

Fleckung ohne Abgrenzung, ungleichmäßig verteilt

Gliedmaßen

Vorhand

Die Schultern sollen leicht schräg und trocken bemuskelt sein. Die Ellenbogen müssen eng am Körper anliegen. Die Vorderläufe sind völlig gerade, starkknochig und kräftig. Die Vorderfußwurzelgelenke sollen Elastizität zeigen.

Hinterhand

Muskeln stark entwickelt und gut sichtbar. Kniegelenke gut gewinkelt. Leicht angewinkelte Sprunggelenke. Von hinten gesehen sind die Läufe parallel.

Pfoten

Rund, fest, mit gut gewölbten Zehen (Katzenpfoten) und runden, zähen, elastischen Ballen. Die Zehennägel sind schwarz oder weiß beim schwarz getupften Farbschlag und braun oder weiß beim braun getupften Farbschlag.

Gangwerk und Bewegung

Völlig gelöster Bewegungsablauf und regelmäßige, kraftvolle, rhythmische Bewegung mit ausgreifendem Schritt. Von hinten gesehen bewegen sich die Läufe parallel, die Hinterhand in der Spur der Vorderhand tretend. Kurze Schritte und paddelnde Bewegungen sind fehlerhaft.

Dalmatiner

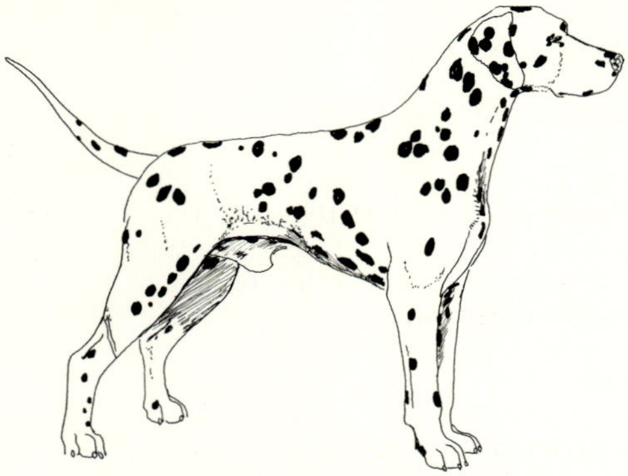

Ideales Gewicht und perfekte Körperform

Untergewicht, zu dünn

Übergewicht, zu massig

Ideales Gewicht und perfekte Körperform

Untergewicht, zu dünn

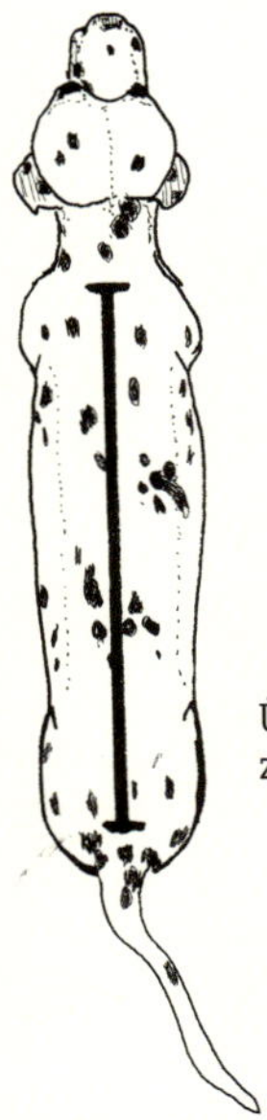

Übergewicht, zu massig

Haarkleid
Kurz, dicht, glatt und glänzend.

Farbe
Die Grundfarbe ist rein weiß. Tiefschwarze Tupfen beim schwarzen Farbschlag und leberbraune beim braunen Farbschlag. Die Tupfen sollen nicht ineinander laufen, rund, klar begrenzt und gut verteilt sein. Die Größe soll zwei bis drei Zentimeter im Durchmesser betragen. Die Tupfen am Kopf, an der Rute und an den Gliedmaßen sollen kleiner sein.

Größe und Gewicht
Die Ausgewogenheit der Proportionen ist von hoher Bedeutung.

Größe
Rüden 56 – 61 cm, Idealgröße 58 – 59 cm
Hündinnen 54 – 59 cm, Idealgröße 56 – 57 cm

Idealgewicht
Rüden 27 kg, Hündinnen 24 kg

Fehler
Platten, Monokel, Dreifarbigkeit (schwarze und braune Tupfen auf demselben Hund), Lemon (zitronenfarbige bzw. bronzierte Tüpfelung), andere Pigmentfehler, Blau- und Birkauge, ausgesprochener Vor- und Rückbiss, Taubheit, Entropium, Ektropium, ausgesprochen ängstliches oder aggressives Verhalten.

Korrekt getragene Hinterläufe — Unerwünschte Gangart (Kuhhessig)

Bemerkung
Rüden müssen zwei offensichtlich normal entwickelte Hoden aufweisen, die sich vollständig im Hodensack befinden.

Erläuterung zum Standard

Neben der detaillierten Einzelbeschreibung gibt es im Standard doch einige Punkte, die besonders betont werden. Natürlich wird die Farbe und Fellzeichnung des Hundes ziemlich häufig erwähnt. Obwohl dies im wesentlichen nicht mit den physischen Eigenschaften des Hundes in Zusammenhang steht, ist es dennoch seine auffällige Zeichnung, die den Dalmatiner in aller Welt bekannt gemacht hat! Es ist deshalb nur natürlich, dass man ebenso auf die äußeren Qualitäten dieser Rasse achtet.

Weitere Aufmerksamkeit gilt der Ausgewogenheit seiner Proportionen. Es ist für einen Laufhund besonders wichtig, dass sich sein Körperbau in guter Balance befindet und er ein ausgeglichenes Wesen hat. Obwohl im Standard Richtlinien für die Größe und das Gewicht des Hundes festgelegt sind, kommt es immer auf die Gesamterscheinung des Hundes an. Somit steht im Vordergrund, in welchem Verhältnis die Proportionen des Hundes zueinander stehen, eben seine „Ausgewogenheit“. Dies führt natürlich in eine Diskussion von Training und Ausdauer des Dalmatiners. Es sind diese Qualitäten, die dem Dalmatiner seinen Verwendungszweck gaben: die scheinbar unaufhörliche Ausdauer als Kutschenbegleithund. Diese Hunde wurden sehr für ihre Fähigkeit geschätzt, Meilen um Meilen zu Fuß an oder unter der Achse des Wagens zu laufen, ohne zu ermüden. Heute bekommt der Dalmatiner diese Gelegenheit nur noch sehr selten, es sei denn, sein Besitzer nimmt mit seinem Hund an Wettkämpfen oder Prüfungen teil, die dieses erfordern. In Amerika finden wir Wettkämpfe, die diese Grundlagen der Rassecharakteristik erfüllen. Es gibt besondere Prüfungen, bei denen der Dalmatiner an oder unter einer von Pferden gezogenen Kutsche sein Können zeigen kann. Selbstsicherheit, Ausdauer, die Verbundenheit zu Pferden und die enge Bindung an seinen Besitzer sind es, was den Dalmatiner zum Dalmatiner macht.

Ihr Dalmatiner-Welpe

Wenn Sie der Dalmatiner so sehr fasziniert, dass Sie sich entschlossen haben, ihn in Ihre Familie aufzunehmen, sollten Sie auf der Suche nach Ihrem neuen Begleiter einiges bedenken.
Selbstverständlich ist die beste Adresse immer die eines Dalmatiner-Züchters. Da der Dalmatiner aber in der vergangenen Zeit durch die Überarbeitung des Disney Films „101 Dalmatiner" dermaßen populär geworden ist, sollten Sie bei der Wahl eines Züchters ganz besondere Sorgfalt walten lassen. Wenn wir uns in der Werbung umschauen, sehen wir überall nur Punkte, Punkte, Punkte! Alles erscheint im Dalmatiner-Design und jeder möchte einen Dalmatiner besitzen. Durch diese Werbekampagnen haben die Dalmatiner-Klubs eine sehr negative Wendung in der Zucht erlebt. Die Statistiken der drei deutschen Dalmatiner-Klubs weisen keine wesentlich erhöhten Welpenzahlen aus, aber es sind sehr viele Dalmatiner nach Deutschland importiert worden. Die deutschen Züchter waren durch die amerikanischen und englischen Beispiele vorgewarnt. In Amerika und England hat es geradezu einen Boom dissidenter Züchter gegeben, die auf reinen Konsum ausgerichtet, Dalmatiner-Welpen nicht züchten, sondern geradezu produzieren. Glücklicherweise konnte aufgrund des viel früheren Erscheinens des Films in diesen Ländern und sicher auch, weil sich in Amerika und England die Züchter an der Filmproduktion beteiligt haben, diese Welle von sogenannten Schwarzzuchten in Deutschland einigermaßen eingedämmt und aufgehalten werden. Dennoch wurden viele Dalmatiner als Billigware auf den Märkten nahe der östlichen Grenzgebiete angeboten. Auf der anderen Seite hat dies auch abgeschreckt. Viele Dalmatiner-Interessenten hatten Angst, an diese Art Züchter zu geraten und haben sich vorerst keinen Dalmatiner angeschafft. Dieser Mangel an Nachfrage hat trotz neu eingetragener Zuchtstätten allgemein bei den Züchtern dazu geführt, weniger Welpen zu züchten. Während man in Amerika und England hunderten von Dalmatinern ein zweites oder drittes Zuhause durch die sogenannte „Dalmatian rescue"-Organisation vermittelte, lief das Zuchtgeschehen innerhalb der deutschen Klubs recht normal ab.
Wer die Dalmatiner-Billigware gekauft hat, hat nur in Ausnahmefällen mit die-

Welcher Welpe passt zu mir?

Die Wahl Ihres Welpen sollte sich nach Ihren Bedürfnissen richten. Ein Ausstellungshund oder ein Familienhund? Die Entscheidung liegt bei Ihnen. Jeder Welpe sollte jedoch ein vorzügliches Wesen vorweisen.
Obwohl bei Ausstellungswelpen großer Wert auf Gebäude gelegt wird, streben verantwortliche Züchter stets eine gute Veranlagung an. Kaufen Sie nie einen Hund bei einem Züchter, dem das Aussehen des Hundes wichtiger ist, als seine Veranlagung und sein Charakter.

Sind Sie gut vorbereitet?

Wenn der Züchter Ihnen eine Menge persönlicher Fragen stellt, so geschieht dies nicht aus Neugier zu Ihrer Person, sondern aus der Besorgnis heraus, mit Ihnen die richtige Wahl für seinen Welpen getroffen zu haben.

Sie also nur einen Züchter aus, für den die Zucht ein liebenswertes Hobby ist. Wer seine Hunde nur kommerziell vermarktet, ist kein guter Hundezüchter. Hundezucht ist eine teure Angelegenheit und trägt sich in der Regel gerade selbst. Ein umsichtiger Züchter hat hohe Investitionen, die sich nur bei einem glücklichen Wurf decken. Fehlerhafte Tiere im Sinne des Zuchtstandards werden normalerweise

Die große Mehrheit von Dalmatiner-Züchtern ist aufrichtig und sehr sachkundig. Jeder Rassehundeklub für Dalmatiner wird Ihnen seine Züchteradressen auf Anfrage nennen und kann Ihnen mitteilen, in welchen Zuchtstätten Welpen abgegeben werden.

sem Hund Glück gehabt. Die Rückfragen an die Hundeklubs haben gezeigt, dass diese günstig erstandenen Hunde im Endeffekt eben doch sehr teuer wurden, weil sie von Krankheiten behaftet waren oder irreparable Schäden durch mangelhafte Aufzucht und Sozialisierung erlitten haben. Der richtige Ansprechpartner ist für Sie deshalb ein Züchter, der als oberste Priorität auf das Wesen und die Gesundheit seines Hundes achtet und Sie als potentiellen Hundebesitzer mit Tausenden von Fragen bombardiert. Ein guter Züchter macht sich Gedanken über seine Zucht und seine Welpenkäufer. Wählen

Der Abgabetermin

Welpen werden in der Regel in einem Alter von acht bis zehn Wochen abgegeben. Dies ist für die meisten Rassen genau die richtige Zeit, ausgenommen die Zwergrassen, die nicht vor einem Alter von zwölf Wochen wegen ihrer zierlichen Größe abgegeben werden. Wenn ein Züchter einen Welpen hat, der älter als zwölf Wochen ist, ist dieser wahrscheinlich gut sozialisiert und stubenrein. Achten Sie darauf, dass Sie einen gesunden Hund erhalten, bevor Sie beschließen, ihn mit nach Hause zu nehmen.

Alle kuscheln aneinander - ein niedliches Bild. Diese Jungen bleiben bis zur achten Lebenswoche beim Züchter. Dann sind sie bereits vollständig entwöhnt.

zu einem geringeren Preis abgegeben. Sie können wegen ihres kleinen Schönheitsfehlers nicht in die Zucht gelangen und finden ihren Platz als reiner Familienhund. Dies bedeutet für den Züchter, dass der Gegenpol zu den Ausgaben sinkt. Und er sinkt weiter, wenn es einmal Fehlschläge in der Zucht gibt, wenn die Zuchthündin bei der Geburt stirbt oder Welpen aus Krankheitsgründen sterben oder eingeschläfert werden. Zucht heißt Selektion, und Selektion heißt Risiko tragen. Deshalb ist umsichtige Hundezucht stets ein Hobby und keine Erwerbsquelle - und Hobbys sind bekanntlich teuer!

Aber genau dieser Kreis von Züchtern ist es, der sich dafür einsetzt, die Gesundheit und Qualität des Dalmatiners zu erhalten. Der Dalmatiner ist eine Rasse, die für einige spezielle Gesundheitsprobleme anfällig ist. Mit diesen Problemen kann man als neuer Besitzer bei entsprechender Vorsorge aber leicht zurechtkommen. Dies ist der Hauptgrund, warum Sie einen Züchter auswählen sollten, der nur mit gesunden Hunden züchtet. Da die Elterntiere von Tieren aus VDH-Zuchtstätten bereits bei der Zuchtzulassung die Auflagen zur HD-Untersuchung und dem Hörtest unterliegen, sollte man auch bei den Welpen bereits auf entsprechende Gesundheitsuntersuchungen achten. Ein guter Züchter wird Ihnen Ihre Fragen gern beantworten und Ihnen auch nach dem Kauf mit seiner Hilfe zur Seite stehen. Deshalb ist es bei genauer Überlegung auch in Erwägung zu ziehen, sich nach der Kontaktaufnahme zu einem guten Züchter auf dessen Warteliste setzen zu lassen. Falls dennoch in absehbarer Zeit nicht mit Welpen zu rechnen ist, kann Sie der Züchter an jemandem anderen weiter vermitteln. Alternativ können Sie diesen Züchter aussuchen - oder eben warten, bis Ihr Züchter seinen nächsten Wurf erwartet. Manche Hundekäufer warten bis zu zwei Jahren auf Ihren Welpen! Wenn Sie keine Kontaktadresse herausfinden können, ist der Besuch einer Hundeausstellung oft recht hilfreich. Dort können Sie die Dalmatiner „live“ beobachten und die Eigentümer der von Ihnen bevorzugten Hunde ansprechen. Wenn der Eigentümer nicht der Züchter ist, kann er Sie mit dem Züchter in Kontakt bringen. Dalmatinerbesitzer lieben es normalerweise, wenn sie auf ihre gefleckten Lieblinge angesprochen werden, und werden Ihnen gern ihre Erfahrungen mitteilen.

Woran erkennen Sie einen gesunden Welpen?

Ihr Welpe sollte gut genährt und rund aussehen, jedoch ohne einen aufgeblähten Bauch zu haben. Ein aufgeblähter Bauch deutet oft auf Wurmbefall hin oder beruht auf einer falschen Ernährung, auch beides kann der Fall sein. Der Körper sollte sich stramm und fest anfühlen. Die Haut sollte rosig und sauber sein, ohne Anzeichen von Kratzern oder Bisswunden.

Eines der wichtigsten Dinge, die Sie den Züchter fragen können, ist der Nachweis eines Hörtests. Für die Zucht im VDH müssen die Elterntiere des Wurfes automatisch beidseitig hörend sein. Für Welpen ist dieser Hörtest noch keine Pflicht. Der BEAR-Test (brainstem auditory evoked response) oder im Deutschen auch AEP-Test (audiometrisch evozierte Potentiale) ist der einzig sichere Weg, die volle Hörfähigkeit des Hundes festzustellen. Zu der Aufgabe eines Zuchtwartes gehört es, die Welpen bei Wurfabnahme, also um die achte Lebenswoche, auf allgemeine Dinge hin zu überprüfen. Dazu gehört auch, dass er die Reaktion der Welpen auf Geräusche überprüft. Eine einseitige Hörfähigkeit kann der Zuchtwart allerdings nicht feststellen. Dies kann allein ein Hörtest zeigen. Fragen Sie deshalb nach den Testergebnissen und akzeptieren nicht nur das Wort des Züchters, dass die Hunde gut hören können. Einseitige Hörfähigkeit ist meist ohne nennenswerte Einschränkungen für den Hund. Er gleicht diesen Mangel durch sein hörendes Ohr ebenso wie durch andere Sinne perfekt aus. Selbst wenn beide Eltern normales Hörvermögen besitzen, können sie Gene für Taubheit tragen und diese an

Ihr Zeitplan...

Wenn Sie ein unstetes Leben führen und sich Ihr Tages- oder Wochenablauf ständig ändert, bedenken Sie, dass dieser Lebensstil Probleme für Ihren Welpen mit sich bringt. Der Welpe muss regelmäßig gefüttert werden, die Sozialisierung und Konditionierung an Menschen und andere Hunde und eine ordentliche Erziehung muss in einem geordneten Rahmen stattfinden. Vor allem aber muss der Hund regelmäßig spazieren geführt werden, um sein Geschäft zu erledigen. Erst wenn ein Hund etwas älter geworden ist, können kleine Unregelmäßigkeiten im Tagesablauf toleriert werden.

Auch Kinder müssen den Umgang mit dem Welpen lernen. Ein kleiner Welpe ist kein Spielzeug.

Rüde oder Hündin

Eine wichtige Entscheidung für Ihren Welpen liegt in der Wahl des Geschlechts. Als Familienhund mag sich eine Hündin besser eignen. Ihre Eigenschaften und Ihr Mutterinstinkt lassen sie tolerant und freundlich sein. Oft wird eine als Familienhund gehaltene Hündin kastriert, um die Unannehmlichkeiten einer unerwünschten Trächtigkeit oder Streitigkeiten mit anderen Hunden auszuschließen.

Versicherungen für den Hund

Wie überall im täglichen Leben kann es ohne Versicherungen manchmal teuer werden. Eine Haftpflichtversicherung für Hundehalter ist sehr empfehlenswert. Diese deckt Schäden gegen sogenannte "Dritte" ab. Der eine oder andere Hundebesitzer möchte für seinen neuen Liebling zusätzlich auch eine Krankenversicherung abschließen, da Tierarztkosten durchaus relativ hoch ausfallen können. Lassen Sie sich ausreichende Vergleichsangebot geben. Routinemäßige Impfungen und Untersuchungen werden oft nicht abgedeckt. Bevor Sie eine Entscheidung treffen, wägen Sie genau ab, welche der vielen Optionen zu Ihnen und Ihrem Hund am besten passt.

ihre Welpen weitervererben. Während ein einseitig tauber Dalmatiner (unilateral/ in einem Ohr) ein liebenswertes Haustier sein kann, ist ein beidseitig tauber Hund (bilateral/ in beiden Ohren) in seiner Führung eine sehr große Belastung für eine durchschnittliche Familie.

Sie sollten zu Ihrem Züchter großes Vertrauen haben, denn die nächsten fünfzehn Jahre wird er Ihre Kontaktadresse in Sachen Hund sein. Sie können sich Ratschläge über Ihren Dalmatiner einholen, ihm die Entwicklung des Welpen mitteilen und sich mit ihm über viele Hundebelange austauschen. Er wird Sie auf das Zusammenleben mit ihrem Hund vorbereiten. Für einen Qualitätswelpen muss man oftmals auch Wartezeiten in Kauf nehmen. Viele Züchter haben Wartelisten, oder ein kleinerer Wurf kann die Nachfrage nicht decken. Seien Sie geduldig, dann finden Sie bald den Dalmatiner, der perfekt zu Ihnen und Ihrer Familie passt.

Wenn Sie dies alles sorgfältig durchdacht und die Angelegenheit gründlich mit Ihrer gesamten Familie besprochen haben, werden Sie sicherlich zu einer richtigen Entscheidung gekommen sein. Sollte Ihre Entscheidung für einen Dalmatiner ausfallen, bedeutet dies für alle Beteiligten eine lange und glückliche Freundschaft.

Kauf eines Dalmatiner-Welpen

Auch wenn Sie einen Dalmatiner als Haustier statt als Ausstellungshund wählten, bedeutet dies nicht, dass Sie einen Hund bekommen, der in irgendeiner Weise zweitklassig ist. Ein gewissenhafter Züchter wird alle Welpen des gesamten Wurfes mit gleicher Verantwortung aufziehen. Mit Sicherheit ist ein als Haustier bestimmter Welpe genauso gesund, wie ein Welpe der auf Ausstellungen zu Ehren kommt. Dies wird zumindest immer das Bestreben jedes Züchters sein.

Gerade weil Sie sich genau diese Rasse ausgesucht haben, wollen Sie auch einen typischen Rassevertreter in Aussehen und Wesen. Lassen Sie bei der Wahl eines geeigneten Züchters die nötige Vorsicht walten. Der VDH (Verband für das Deutsche Hundewesen) gibt Ihnen Auskunft über alle

Der Dalmatiner liebt nicht nur die Bewegung in der freien Natur. Er schmust auch ebenso gerne mit seinem „Frauchen“.

eingetragenen Rassehundeklubs für Dalmatiner. Alle drei Dalmatinerklubs haben Welpenvermittlungsstellen, die über Adressen der Züchter verfügen, die zur Zeit Welpen abzugeben bzw. zu erwarten haben. Mit den geeigneten Anschriften in der Hand liegt es nun an Ihnen, den richtigen Welpen zu finden.

Auch wenn Sie keinen Showhund suchen, ist es immer eine gute Idee, eine Ausstellung zu besuchen: Sie sehen Hunde von einer Qualität, wie sie dem Standard entsprechen soll. Außerdem haben Sie Gelegenheit, mit Züchtern ins Gespräch zu kommen. Außerdem bekommen Sie einen Eindruck, welcher Züchter seinen Hunden die beste Sorgfalt zukommen lässt und welcher wahrscheinlich den Welpen den bestmöglichen Start ins Leben gegeben hat. Eine rein persönliche Geschmackssache wäre die Entscheidung über die Farbe.

Beim Kauf Ihres Welpen händigt Ihnen der Züchter zusammen mit den Abstammungspapieren (Ahnentafeln etc.) auch den Impfpass aus. Alle Welpen müssen vor der Wurfabnahme von einem Tierarzt geimpft worden sein. Dies wird durch den Zuchtwart des jeweiligen Klubs überprüft. Die Impfungen werden vom Tierarzt im Impfpass dokumentiert. Sie muss nach vorgegebenem Impfschema wiederholt werden. Eine regelmäßige Entwurmung sollte der Züchter ebenfalls schon vorgenommen haben. Erkundigen Sie sich, welches Entwurmungsmittel in welchen zeitlichen Abständen verabreicht wurde. Über die Art der Verabreichung und künftiger Eingaben wird Sie Ihr Tierarzt beraten. Der von Ihnen ausgesuchte Welpe muss in einer guten körperlichen Verfassung sein. Das Fell sollte gesund aussehen und weder Augen noch Nase sollten Absonderungen aufweisen. Ohren sollten sauber gehalten und natürlich absolut frei von Parasiten sein. Die Haut des Welpen sollte sauber und gesund aussehen, ohne einen Hinweis auf Ausschlag o.ä. Kein Welpe sollte unter unnatürlichem Erbrechen oder Durchfall leiden.

Wie bei anderen Rassen auch, kann bei einigen Dalmatiner Welpen ein Nabelbruch vorkommen. Man erkennt es an einer auf dem Bauch vorhandenen Hautverdickung oder Hautausstülpung, dort wo ursprünglich die Nabelschnur befestigt war. Im Normalfall sollte keiner der Welpen einen Nabelbruch aufweisen. Sehen Sie sich

Wichtige Dokumente: Impfpass und Ahnentafel

Wenn Sie Ihren Welpen beim Züchter abholen, gibt er Ihnen zwei wichtige Dokumente mit auf den Weg:
Den Abstammungsnachweis in Form der Ahnentafel und den Impfpass. Der Welpe sollte in einem vom VDH oder der FCI anerkannten Zuchtverein eingetragen sein. Diese Organisationen stehen für eine kontrollierte und verantwortungsbewusste Zucht. Für die Vorstellung auf einer Hundeschau sind die Abstammungspapiere Voraussetzung. Solten Sie vorhaben, später mit Ihren Hunden zu züchten, sind diese Papiere für Ihre Zuchtpläne unabdingbar.
Die Ahnentafel gibt Ihnen Aufschluss über die Eltern, bis hin zu dn Urgroßeltern Ihres Welpen. Auch ein Blick in den Wurfabnahmebericht ist nicht verkehrt, hier werden alle wichtigen Befunde eingetragen, eventuelle Zuchtuntauglichkeiten können Sie schon hier ersehen.
Aus dem Impfpass können Sie ersehen, welche Impfungen der Züchter zu welchem Zeitpunkt durch den Tierarzt vornehmen ließ und wann Sie Ihren Hund wieder zur Nachimpfung vorstellen müssen. Die ersten Impfungen muss der Welpe vor der Abgabe erhalten haben.

Legen Sie gleich von Anfang an die Regeln in der häuslichem Umgebung fest, bevor der Hund es sich auf dem Sofa allein gemütlich macht!

deshalb gleich zu Beginn Ihrer Auswahl die Bäuche der Welpen an. Wenn ein Bruch vorhanden ist, erörtern Sie den Schweregrad mit dem Züchter. Ein leichter Nabelbruch ist ungefährlich, aber für den Fall eines operativen Eingriffs sollte Ihr Tierarzt darauf hingewiesen werden.
Zum Schluss noch allgemeine Ratschläge: Informieren Sie sich beim Züchter über die Sozialisierungsphase des Welpen, Spiel- und Auslaufmöglichkeiten und das Zusammenleben im Rudel, mit den Wurfgeschwistern. Scheuen Sie sich nicht, auch unbequeme Fragen zu stellen. Ein gewissenhafter, verantwortungsbewusster Züchter wird Ihnen, so weit es in seiner Macht steht, alles ehrlich beantworten. Bestehen Sie immer darauf die Mutterhündin der Welpen zu sehen. Beobachten Sie ihr Verhalten zu den Welpen und auch ihr Verhalten gegenüber Ihnen sowie dem Besitzer. Da in den meisten Fällen der Zuchtrüde nicht im gleichen Haus bzw. Zwinger anzutreffen ist, lassen Sie sich Fotos von ihm zeigen. Manchmal besteht die Möglichkeit, ältere Hunde aus einem vorangegangenen Wurf anzuschauen. Fragen Sie den Züchter, ob Sie frühere Welpenkäufer aufsuchen und sich über Größe, Wesen und Fellqualität des schon erwachsenen Hundes erkundigen dürfen. Üblicherweise schließt man heutzutage beim Kauf von Haustieren einen Kaufvertrag ab. Ein verantwortungsvoller Züchter wird Ihnen selbstverständlich gestatten, den Vertrag vor Unterzeichnung mitzunehmen, damit Sie sich diesen genau durchlesen können. Ahnentafel und Impfpass gehören ebenso zum Hund wie der Eigentumsnachweis. Eine gute Beziehung zwischen Ihnen und dem Züchter ist genauso wichtig wie ein seriöser Kaufvertrag. Ein verantwortungsvoller Züchter ist jederzeit bereit, all Ihre Fragen zu beantworten, gewisse Ängste auszuräumen und Freuden zu teilen. Viele Züchter halten für ihre Welpenkäufer eine kleine Ration des gewohnten Welpenfutters bereit, damit für den Welpen neben dem Umgebungswechsel nicht auch noch ein Futterwechsel folgt.

Verpflichtungen des Eigentümers

Wenn Sie alle diese Faktoren berücksichtigen, haben Sie wahrscheinlich schon die wichtige Entscheidung für den Welpen

Hunde brauchen feste Regeln

Die meisten Probleme, die ein junger Hund mit sich bringt, verschwinden mit zunehmendem Alter und erfolgreicher Erziehung. Wie Sie mit den Problemen Ihres Dalmatiner in seiner Jugend umgehen, wird entscheidend für sein Verhalten als erwachsener Hund sein. Es ist von Anfang an wichtig, die Rudelführung klar festzulegen, denn der Rudelführer dürfen nur Sie sein. Diese Festlegung wird den Weg für das gesamte weitere gemeinsame Zusammenleben bestimmen.

getroffen. Sie haben einen Dalmatiner ausgewählt. Sie haben einen Hund ausgewählt, der in Art und Merkmalen am besten in die Familie und zu Ihrem Lebensstil passt. Der nächste Schritt führte Sie zu einem verantwortungsbewussten, gewissenhaften Züchter. Er züchtet gute Dalmatiner, ist zuverlässig, und Sie können sich auf ihn verlassen. Er wird Sie mit dem Welpen auch später betreuen und unterstützen. Haben Sie alle kleinen Welpen zusammen beobachtet, dann haben Sie einen direkten Blick auf die Dynamik des Wurfes werfen können. Auf diese Art konnten Sie lernen, dass jeder Welpe schon seine eigene Persönlichkeit hat. Vielleicht fanden Sie sogar einen ganz besonderen Welpen dabei. Wenn Sie sich über Ihren Traum-Dalmatiner auch noch nicht ganz sicher sind, so helfen Ihnen diese Beobachtungen bereits, die Veranlagung des Welpen an seinem bestimmten Verhalten zu erkennen. Sie werden in der Lage sein, zu unterscheiden in Anführer, zurückhaltender, zuversichtlicher, schüchterner, verspielter, freundlicher, aggressiver Hund usw. Sie werden auch erkennen, wie ein

Der Welpe kommt ins Haus

Leider kommt es vor, dass ein Welpe von jemanden erworben wird, der nicht viel Interesse und Aufmerksamkeit in dieses Wesen investiert. Der Welpe leidet, wenn er sich selbst überlassen wird - irgendwo in einem Schuppen untergebracht oder den ganzen Tag allein in der Wohnung! Ihre „Hausaufgabe" ist es, alles für die Ankunft des Welpen vorzubereiten. Dies für Sie beide von Nutzen. Je mehr Sie sich informieren und je mehr Sie jetzt wissen, was Sie vielleicht erwartet, je besser Sie vorbereitet sind für die Höhen und Tiefen, desto besser wird Ihr Welpe sich entwickeln. Im Umgang mit dem Welpen wird jeder im Haus sein Möglichstes beitragen.

In Vorfreude auf den Welpen fallen oft Versprechungen der Familienmitglieder wie: „Ich werde ihn täglich ausführen, ich werde ihn füttern, ich werde ihn erziehen," und so weiter.

All diese Dinge kosten viel Zeit und Mühe und Versprechungen können schnell vergessen werden, wenn das Neue erst seinen Reiz verloren hat.

Sie haben sich für einen kleinen Dalmatiner Welpen entschieden. Haben Sie auch an alle Dinge gedacht, die dieser Hund benötigt?

gesunder Welpe aussieht und sich verhält. Auf der Suche nach Ihrem Dalmatiner helfen wird Ihnen dies eine große Hilfe sein. Als zukünftiger Hundebesitzer gehört es dazu, zuerst die geeignete Rasse auszusuchen, dann einen guten Züchter zu finden und natürlich so viele Welpen wie möglich zu beobachten. Auch wenn es zu Beginn viel Mühe kostet und Sie trotzdem noch keinen Welpen mit nach Hause gebracht haben, sind dies wichtige Schritte bei der Anschaffung eines Hundes. Bedenken Sie, selbst wenn Sie in Ihrer

Der Haustier-Zubehörhandel bietet ihnen eine Vielfalt von Faltkäfigen und Boxen in verschiedenen Preisklassen an. Viele namhafte Züchter auf der ganzen Welt benutzen die Hilfe des Faltkäfigs (oder der Kunststoffbox), um den Hund stubenrein zu bekommen.

Entscheidung, welcher Hundetyp zu Ihnen passt sehr sorgsam vorgehen, wissen Sie dennoch nicht genau, wie der junge Hund sich mit der Zeit entwickeln wird. An dieser Entscheidung sollte wirklich Ihre ganze Familie beteiligt sein. Vergessen Sie nicht, auch wenn der Kauf eines Welpen lustig und interessant sein kann, so ist die Sache durchaus ernst und mit viel Arbeit verbunden. Ein Welpe ist kein verschmustes Stofftier oder ein dekoratives Ausstellungsstück, es soll vielmehr ein richtiges Familienmitglied aus ihm werden. Sie werden merken, dass dies manchmal nicht einfach ist. Entspannen Sie sich, der Spaß geht los, wenn der Welpe ins Haus kommt.

Alles braucht seine Zeit

Manchmal dauert es zwei Wochen, bis sich Ihr Welpe an seine neue Umgebung gewöhnt hat. Begegnen Sie Ihren Hund in dieser Zeit mit viel Liebe und Aufmerksamkeit. Streicheln Sie ihn, gehen Sie häufig Gassi. Geben Sie ihm sein gewohntes Futter und zeigen Sie ihm einen eigenen Platz im Haus, an dem er schlafen und sich zurückziehen kann, wenn er Ruhe benötigt.

Ein Welpe ist ähnlich wie ein kleines Baby mit Fell. Ein Baby ist praktisch hilflos in einer menschlichen Welt und es vertraut seinem neuen Besitzer, der alle Bedürfnisse für sein weiteres Leben erfüllt. Neben Essen, Trinken und Unterkunft braucht es Pflege, Schutz, Geborgenheit und Liebe. Wenn Sie nicht bereit sind, derartige Verpflichtungen einzugehen, dann sollten Sie sich auch keinen Hund anschaffen.
Halt! sagen Sie - wie kann das so schwer sein? Alle meine Nachbarn besitzen Hunde und es sieht alles einfach aus. Warum sollte ich mir über all das Sorgen machen? Sie brauchen sich keine Sorgen zu machen, Sie sollten nur alles sorgfältig in Betracht ziehen. Sobald Ihr Dalmatiner-Welpe sich an sein neues Zuhause gewöhnt hat, wird er schnell seinen Platz in der Familie fin-

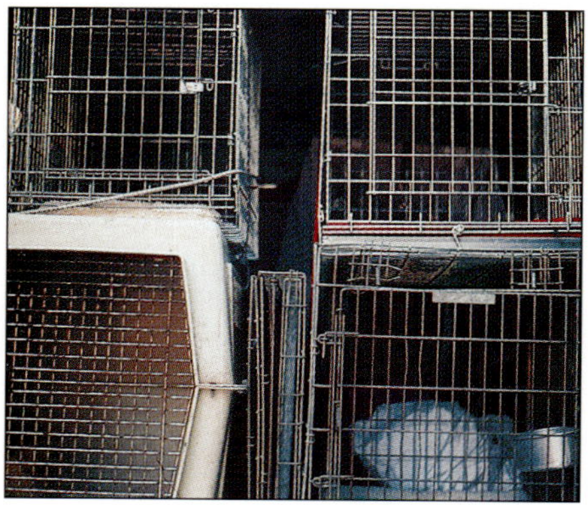

Faltkäfige kann man bei genügend Platz auch innerhalb des Hauses aufstellen. Waschbare Decken oder andere Unterlagen bieten auch dem Vierbeiner den nötigen Komfort.

Der Weg nach Hause

Wenn Sie Ihren Welpen vom Züchter mit dem Auto abholen, kann es für beide manchmal unbequem werden. Der Welpe wird aus seinem bekannten, sicheren Umfeld gerissen, er wird in eine für ihn fremde Umgebung gebracht,und dann noch in etwas, das sich bewegt! Seien Sie darauf vorbereitet, dass Ihr kleiner Welpe weint, heult, vor Aufregung vielleicht einmal beißt oder seine Blase sich entleert. Mit viel Liebe, Verständnis und Mut überstehen Sie beide den Stress dieser ersten Reise. Zu Hause angekommen ist meist alles schnell vergesse,n und die Neugier übersteigt die Angst.

den. Dies entlastet Sie aber in keiner Weise von jeglicher Verpflichtung dem Hund gegenüber. Es erfordert Zeit und Geduld, den verspielten, neugierigen Dalmatiner-Welpen dahin zu bringen, dass er ein wohlerzogener, erwachsener Hund wird. Ein Hund, der Ihr bester Freund werden kann.

Einen geeigneten Platz im Haus

Nun sollten Sie Ihre Familie und Ihr Zuhause auf den Zuwachs vorbereiten. Dies ist ähnlich wie bei der Ausstattung eines Kinderzimmers. Dem Welpen sollte eine geeignete Stelle im Haus als seine Ecke überlassen werden. Die Vorbereitung Ihres Hauses hängt auch davon ab, wieviel Freiheit (bzw. Freiraum) Sie dem Hund geben wollen: Wird er auf einen Raum oder einen bestimmten Bereich im Haus beschränkt oder wird ihm erlaubt, nach freien Stücken herumzulaufen? Wird er die überwiegende Zeit in oder außerhalb des Hauses verbringen? Zu welchem Entschluss Sie auch kommen, dieser spezielle Platz sollte nur ihm gehören. Wenn Sie Ihren Welpen nach Hause bringen, tun Sie bestimmt alles, um es ihm auch gemütlich zu machen. Nun muss er sich erst mit der neuen Umgebung vertraut machen. Rufen Sie sich immer wieder in Erinnerung: Der Welpe verlässt die Wärme und Sicherheit der Mutter und der Wurfgeschwister. Die Vertrautheit der einzigen Umgebung, die er je sah. Gestalten Sie ihm daher den Übergang so leicht wie möglich. Lassen Sie den Welpen fühlen, dass er willkommen ist, dann wird es gewiss nicht lange dauern, bis er sich eingewöhnt hat. Ein zu plötzlicher Übergang kann zu einem traumatischen Schock führen. Stellen Sie sich vor, wie sich ein kleines Kind in dieser Situation fühlen würde. Es liegt nun bei Ihnen, ihn wissen zu lassen: „Hier ist dein Zuhause, hier soll es dir gut gehen!“

Ein Flechtkorb mit einer weichen Unterlage ist für den kleinen Welpen eher ungeeignet, da er schnell zerbissen werden kann. Eine Hartplastikschale ist besser, dazu kommt noch ein geeignetes Hundespielzeug, und der Kleine denkt nicht mehr an seine Mutter und seine Wurfgeschwister zurück.

Augen auf beim Welpenkauf!

Kaufen Sie niemals einen Welpen, der krank, unterernährt, übermäßig ängstlich oder nervös aussieht. Achten Sie auf den Gesamteindruck. Manchmal wird ein zurückhaltender Welpe mit Ihnen warm, nachdem Sie ihm etwas Zeit zum "Beschnüffeln" gegeben haben.

Was Sie für Ihren Welpen anschaffen sollten

Der Faltkäfig

Für viele sieht der Gebrauch eines Faltkäfigs wie eine Art Bestrafung aus, wenn man den Hund nach dem Training einsperrt. Das ist aber gar nicht der Fall. Käfige bedeuten nicht Grausamkeit oder Härte - Käfige haben eine Schutzfunktion und positiv wirkende Anwendungsmöglichkeiten für Obhut, Pflege und Ausbildung. Die Käfig-Gewöhnung und -Ausbildung im gemeinsamen, häuslichen Zusammenleben ist sehr beliebt. Auf Reisen bietet ein Käfig dem Hund eine sichere Unterkunft. Das Wichtigste ist, dass der Käfig für ihn Geborgenheit bedeutet. Es ist sein eigener Platz in Ihrem Haus, der gewissermaßen als Hundeschlafzimmer dient. Ihr Dalmatiner kann sich darin zurückziehen, wenn er möchte; sich zusammenrollen und schlafen oder auch einmal eine Pause machen. Viele Hunde schlafen auch nachts in ihrem Käfig. Ausgestattet mit weichen Decken und einem Lieblingsspielzeug, wird der Käfig zu einem gemütlichen Aufenthaltsort für Ihren Dalmatiner. Wenn er Trost sucht, zieht sich Ihr Hund ähnlich wie seine Vorfahren, in die Höhle zurück. Der Käfig ist natürlich etwas luxuriöserer ausgestattet.

Entscheiden Sie sich zum Kauf eines Käfigs, müssen Sie nun den Typ wählen. Die zwei beliebtesten Arten sind die Kunststoffbox oder der Drahtfaltkäfig. Jeder hat dabei gewisse Vor- und Nachteile. Zum Beispiel ist der Drahtfaltkäfig nach allen Seiten hin offen, luftdurchlässig und erlaubt dem Hund eine Rundumsicht. Die Kunststoffbox ist stabil und kann auch als Reisebox (z. B. auf Flugreisen) benutzt werden. Sie bietet

Geben Sie Ihrem Dalmatiner-Welpen für jeden Raum, in dem er spielen darf, genügend Spielzeug. Kaufen Sie Hundespielzeug stets im Fachhandel, denn Kinderspielzeug ist nicht für Hunde geeignet.

Ihr örtlicher Hunde-Zubehörhandel bietet eine Vielfalt an Leinen in den verschiedensten Farben und Materialien.

einen größeren Schutz für den Hund, weil sie stabiler ist. Ein weiteres Auswahlkriterium ist die Größe. Welpen bleiben nicht immer klein. Manchmal scheint es so, als ob man ihnen beim Wachsen zuschauen kann. Der für einen Yorkshire Terrier dimensionierte Käfig kann durchaus auch für einen Dalmatiner-Welpen passend sein. Da der Dalmatiner allerdings noch eine Weile wächst, wird sinnvoller sein, gleich einen passenden Käfig anzuschaffen.

Schlafunterlagen und Decken

Damit sich Ihr Hund wohl fühlt, können Sie ihm eine oder auch zwei Decken in seinen Käfig hineinlegen. Zum einen entspricht die Decke hierbei den Blättern und Zweigen seiner Höhle, die Hunde in der freien Natur verwenden, und der Welpe kann hiermit seinen eigenen Bau im Käfig machen. Denn obwohl Ihr Welpe weit davon entfernt ist, wie seine Vorfahren zu handeln, ist der Höhleninstinkt in seiner Genetik verankert.Zum anderen hat Ihr Welpe inmitten der Wärme seiner Mutter und Wurfgeschwister geschlafen, bis Sie ihn zu sich nach Haus holten. Eine Decke entspricht zwar nicht einem warmen, atmenden Körper, aber sie bietet dennoch Wärme und Behaglichkeit, in die er sich hineinkuscheln kann. Waschen Sie die Decken regelmäßig. Sollte einmal ein Malheur im Käfig passieren, entfernen Sie die beschmutzte Decke und ersetzen Sie diese durch eine saubere. Dies gilt natürlich auch für den Fall, wenn sie zottig werden sollte oder auseinander zu fallen beginnt.

Spielzeug

Spielzeug ist ein Muss für Hunde jeden Alters; besonders für neugierige, verspielte Hunde. In der Welt der Hunde sind Welpen die Kinder - und welches Kind liebt kein Spielzeug?

Kaufähiges Spielzeug dient Hund und Herrchen gleichermaßen. Ihr Hund genießt sein Spielzeug, und Sie freuen sich, dass Sie ihn von Ihren teuren Schuhen oder vom Ledersofa ablenken. Welpen kauen gern. Es ist

In Deutschland kaum bekannt und zumindest in seiner Anwendung umstritten: Ein Halsband, das den Hund durch einen elektrischen Impulsgeber auf einem bestimmten Areal „festhält“. Der sogenannte „unsichtbare Gartenzaun“.

Das **Schnallenhalsband** wird täglich als Standardhalsband verwendet. Achten Sie darauf, dass Sie die Lochbreite für den Welpen korrekt einstellen. Das Halsband sollte nicht zu stramm eingestellt sein. Überprüfen Sie dieses jeden Tag, weil der Welpe ja noch wächst. Binden Sie es nachts ab, es kann leicht über Nacht zu eng werden! Diese Halsbänder werden aus Leder oder Nylon hergestellt.

Das **Würgehalshand** wird üblicherweise als Trainingshalsband verwendet. Es ist aus hochpoliertem Stahl gefertigt, so dass es leicht durch die rostfreie Stahlschleife gleitet. Die Idee ist, dass der Hund den Druck um seinen Hals herum spürt und schnell aufhört zu ziehen, wenn das Halsband unbequem wird. Belassen Sie nie eine Zugkette am Hundehals, wenn Sie nicht mit Ihrem Hund trainieren!

Das **Geschirr** ist für einen geübten Hund. Es soll den Hund am Davonlaufen hindern oder daran, eine Katze zu jagen. Man betrachtet es als die humanste Methode und benutzt es häufig für kleinere Hunde, für die andere Halsbänder nicht komfortabel sind.

Das **Korallenhalsband** erscheint vielen als altes Folterinstrument. Obwohl im Grundsatz mit diesem Halsband nicht beabsichtigt wird, einen Hund „zu foltern", wird es dennoch bei schwierigen Hunden eingesetzt. Allerdings wird es nie bei kleinen Hunden empfohlen. Ein Korallenhalsband sollte ausschließlich von jemandem benutzt werden, der es korrekt anwenden kann.

Eine dünne Leine wird oft im Ausstellungsring benutzt, daher nennt man sie auch Vorführleine. Für den alltäglichen Gebrauch ist sie jedoch nicht geeignet.

Eine große Anzahl von Futter- und Wassernäpfen erhalten Sie im Zubehörhandel.

ihnen zur Zeit des Zahnens ein körperliches Verlangen! Der Welpe macht keine großen Unterschiede, und alles scheint ihm appetitlich auszusehen. Alles in Ihrem Haushalt ist aus seiner Sicht gerade richtig - von der Spülschüssel bis zum Orientteppich. Ein zahnender Welpe ist nicht sehr kritisch bei der Auswahl seiner Objekte. Sobald er seine Zähne buchstäblich in etwas versenken kann, ist alles recht. Stofftiere oder ähnliches sind etwas anderes. Sie leisten dem Hund in seinem Käfig körperliche Gesellschaft. Seien Sie aber vorsichtig damit, denn der Welpe kann den neuen Stoffkameraden schnell zerfetzen, und zurück bleiben nur die harten Augen oder andere Teile, an denen er ersticken könnte. Ebenso beliebt sind quietschende Spielzeuge. Es gibt Hunde, die beim ersten quietschenden Geräusch aus dem entferntesten Winkel

Edelstahlnäpfe sind rostfrei und stellen normalerweise die beste Wahl dar, da sie vom Hund nicht zerkaut werden können und schnell zu reinigen sind.

des Hauses angelaufen kommen, um damit zu spielen. Noch einmal sei hier erwähnt: Wenn der Welpe dieses Quietschspielzeug zerkaut, kann es gefährlich werden, sobald er das Innenleben herunterschluckt. Überwachen Sie den Zustand der Spielzeuge sorgfältig und entfernen Sie diese, wenn sie zerkaut sind und eine Gefahr darstellen können. Verfahren Sie ebenso vorsichtig mit Knochen, die in scharfkantige, gefährliche Stücke splittern. Lederkauknochen, die lange genug durchgekaut wurden, sind ebenfalls mit entsprechender Vorsicht zu genießen. Sollte der Hund den zerkauten Lederknochen in einem Stück hinunterschlingen, könnte er wenig später erbrechen.

Dieser widerstandsfähige Edelstahlnapf kann selbst von sehr hungrigen Welpen nicht zerstört werden.

Leinen

Da eine Nylonleine hohe Widerstandsfähigkeit bietet, ist sie wahrscheinlich die beste Lösung bei Ihrer Entscheidungsfindung. Eine Nylonleine widersteht den kleine Welpenzähnen und kann nicht so schnell zerkaut werden. Kauen auf der Leine ist eine schlechte Angewohnheit des Welpen, zu der Sie es gar nicht erst kommen lassen sollten. Falls Ihr Welpe es dennoch macht, würde es ihm sehr schwer fallen, die feste Nylonschnur zu durchtrennen. Nylonleinen sind zudem sehr leicht und unterstützen den Lernvorgang zur Leinenführigkeit. Auch für den täglichen Spaziergang ist die Nylonleine eine gute und sichere Wahl.

Gewöhnen Sie Ihren Welpen ohne zu ziehen ordentlich an einer Leine zu gehen. Hat er dies gelernt, können Sie den nun fast erwachsenen Hund auch mit einer flexiblen Leine ausführen. Diese erlaubt ihm, seinen Radius auszudehnen. Soll er nah bei Fuß gehen, zeigt ein kurzer Ruck an der Leine dem Welpen, dass er zu Ihnen zurückkehren soll.

Achten Sie auf die Proteine!

Die Futterkosten sollten nicht unerwähnt bleiben. Dalmatiner leben nicht von den Tischresten des Menschen oder kleine Happen zwischendurch. Dalmatiner haben aufgrund ihres speziellen Stoffwechsels im Gegensatz zu anderen Hunden keinen hohen Bedarf an Protein. Viele Hunde sind nicht wählerisch beim Fressen, aber wenn sie nicht angemessen gefüttert werden, können sich schnell Hautprobleme einstellen.

Halsband

Ihr Welpe sollte sich frühzeitig an ein Halsband gewöhnen. Leine und Halsband sind zwei fest zusammen gehörende Dinge. Für den Welpen ist ein Nylonhalsband eine gute Entscheidung, weil es sehr leicht ist und den Hund nicht sonderlich beeinträchtigt. Sie sollten es so am Hals anlegen, dass der Welpe sich einerseits nicht daraus befreien kann, andererseits sollte es locker genug sein, um ohne zu stören bequem am Hals anzuliegen. Als Faustregel gilt: Zwischen Hals und Halsband sollte immer ein Finger breit Platz sein.Ein wenig Eingewöhnungszeit braucht der Welpe für das Halsband vielleicht. Bald wird er es als alltäglich betrachten und keinerlei Notiz mehr davon nehmen.

Futter und Trinknäpfe

Ihr Welpe benötigt zwei Näpfe. Einen für Futter und einen für Wasser. Zwei Sets wären sinnvoll, wenn man je eines für den Garten und eines für das Haus vorsieht - je nachdem wo sich der Hund zur Fütterungszeit gerade aufhält oder wo er die meiste Zeit des Tages verbringt. Im Zubehörhandel steht eine große Auswahl an Näpfen aus Edelstahl oder Kunststoff zur Verfügung.

Kunststoffschüsseln lassen sich bekauen, bei Edelstahlausführungen lässt es der Hund nur beim Versuch. Edelstahlnäpfe sind vorteilhafter und können ggf. auch sterilisiert werden. Viele Hundebesitzer benutzen Schüsselständer. Das Futter wird näher zum Hund geführt und er muss sich nicht so weit hinab beugen. Diese Art der Fütterung ist hilfreich für die Verdauung. Sie wirkt zudem gegen Blähungen oder Magendrehungen bei Hunden mit tieferem Brustkorb. Beim Kauf eines Kunststoffnapfes ist zu beachten, dass alle anderen Dinge im Haus von dem Welpen ebenso angeknabbert werden wie seine Schüssel. Deshalb sollte die Sicherheit Ihres Welpen auch beim Kauf des Napfes nicht vergessen werden.

Reinigungsmittel

Ein noch nicht zur Stubenreinheit erzogener Welpe ist manchmal der Meinung, dass Sie alles wieder sauber machen kön-

Der Heimtierhandel bietet normalerweise auch verschiedene Geräte zur Reinigung des Gartens an, sollte Ihr Hund einmal dort sein „Geschäft“ erledigt haben.

Ist Ihr Zuhause welpensicher?

Vor der Ankunft des Welpen sollten Sie gründlich die Welpensicherheit Ihres Hauses überprüfen. Verwenden Sie nie Gift gegen Nagetiere im Einzugsbereich des Welpen. Verwenden Sie auch keinen Toilettenreiniger. Oft trinken Hunde aus der Toilettenschüssel, wenn der Deckel nicht geschlossen wurde, und halten Sie auch den Küchenabfall sicher außer Reichweite des Hundes. Sichern Sie alle Steckdosen und Elektrokabel!

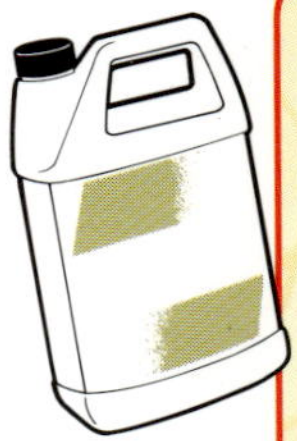

Chemikalien sind gefährlich

Befreien Sie Ihren Stellplatz oder Ihre Garage von potentiellen Welpenfallen. Unkrautvernichter, Pestizide und Frostschutzmittel müssen Sie entfernen. Frostschutzmittel sind hoch toxisch und bereits einige Tropfen davon können einen erwachsenen Hund töten. Der süßliche Geschmack des Mittels lockt Hunde und wird dann schnell vom Fußboden oder dem Bordstein aufgeleckt.

nen, wenn er gerade irgendwo hin gemacht hat. Kleine Pannen kommen vor und sind im momentanen Alter verständlich, weil der Welpe es noch nicht besser kann und weiß. Alles, was sie tun können, ist die Pannen zu beseitigen. Alte Lappen, Handtücher, Zeitungen und ein mildes Desinfektionsmittel sind dabei hilfreich und sollten schnell zur Hand sein.

Zusätzliches zur Grundausstattung

Die eben genannten Punkte sind Dinge, die zum notwendigen Zusammenleben mit einem Welpen gehören. Sie bilden die Grundausstattung für Ihren Welpen. Finden Sie heraus, was Sie zusätzlich benötigen. Auch Pflegemittel, Floh- oder Zeckenschutz, Babygitter, um Teile des Wohnraumes abzugrenzen etc. sind hierbei zu berücksichtigen und müssen mit Ihrer jeweiligen eigenen Wohnsituation abgestimmt werden. Es ist sehr gut zu wissen, alles getan zu haben, um die ersten Tage Ihres Dalmatiners so angenehm und bequem wie möglich zu gestalten.

Kennen Sie Ihre Pflanzen?

Inspizieren Sie Ihren Rasen und überprüfen Sie den Bewuchs Ihres Gartens, bevor Sie Ihren Welpen nach Hause bringen. Viele Pflanzenarten haben Blätter, Äste oder Blüten, die toxisch wirken können, sollten sie vom Hund zerkaut oder gefressen werden. Sie können sich auf Ihren Welpen verlassen, er wird diese Pflanzen finden und untersuchen! Bitten Sie Ihren Tierarzt um Information über giftige Pflanzen.

Ihr Haus wird welpensicher

Wenn Sie sich vergewissert haben, dass Ihr Welpe es in Ihrem Haus bequem und komfortabel haben wird, sollten Sie die seine Sicherheit ebenfalls überprüfen.
Treffen Sie Vorsichtsmaßnahmen, mit welchen Sachen der Welpe nicht in Berührung kommen soll. Kontrollieren Sie, ob er nichts erreichen kann, woran er sich verletzen könnte. Ein Welpe kaut alles an, was er findet. Während Sie sich in erster Linie um die Sicherheit des Welpen sorgen, scheint es andererseits dem Welpen zu gefallen, alles mögliche zu zerstören. Wenn Ihr Welpe durchs Haus rennt, sollten zerbrechliche Gegenstände deshalb stets außerhalb seiner Reichweite gebracht werden. Hält Ihr Hund sich nur in bestimmten Bereichen des Hauses auf, ist es ratsam, auch potentiell gefährliche Sachen aus diesem Bereich fernzuhalten. Elektrokabel sind eine Gefahr, manchmal kommen Welpen auf die Idee, auszuprobieren, wie sie schmecken. Welcher kleine Hund wäre nicht davon überzeugt, ein großes Spielzeug zu kauen? Lassen Sie Elektrokabel daher nicht irgendwie herumliegen, sondern befestigen Sie diese sicher oder lassen Sie sie unter Teppichen verschwinden. Hält sich Ihr Hund in seinem Käfig auf, vergewissern Sie sich, dass es nichts in seiner Nähe gibt, was er neugierig beschnuppern oder gar mit seinen Pfoten durch die Maschen ziehen könnte. Haushaltsreiniger und dergleichen halten Sie ebenso von Welpen fern wie von kleinen Kindern.

Natürlich ist eine Sicherung außerhalb des Hauses genauso wichtig. Lassen Sie den Welpen nie unbeaufsichtigt. Ein Welpe, der sich frei im Garten aufhält, möchte laufen, losgelöst sein und seine Freiheit genießen. Selbst ein Zaun bietet oft nicht die nötige Sicherheit. Es wird Sie überraschen, mit welcher List und Beharrlichkeit der Hund versucht, diesen Zaun zu untergraben oder schmale Öffnungen zu erweitern, über den Zaun zu klettern oder zu springen. Die beste Möglichkeit wäre, den Zaun so hoch zu bauen, dass es für den Hund wirklich unmöglich ist, hinüber zu kommen (ungefähr drei Meter Höhe sind ausreichend, beachten Sie allerdings ggf. vorhandene Bauvorschriften) und der dabei auch tief genug in die Erde eingegraben ist. Reparieren Sie die Lücken im Zaun. Überprüfen Sie den Zaun regelmäßig auf seinen einwandfreien Zustand und etwaig notwendige Instandhaltungsarbeiten. Ein entschlossener Welpe macht sich solange an derselben Stelle zu schaffen, bis er erfolgreich durch den Zaun gelangen kann.

Der erste Tierarztbesuch

Sie haben Ihren Welpen ausgesucht, in Ihrem Haus ist alles vorbereitet und die Familie ist schon sehr gespannt. Alles was Sie jetzt noch tun müssen, ist den Dalmatiner vom Züchter abholen und dann geht der Spaß richtig los. Nun ja .... ganz so schnell geht's nicht. Für den ersten Besuch beim Tierarzt sollten Sie bereits jetzt Vorbereitungen treffen. Vielleicht kann Ihnen Ihr Züchter einen Veterinär empfehlen, der in Ihrer Nähe wohnt und sich auch mit den Besonderheiten des Stoffwechsels der Dalmatiner auskennt. Oder Sie selbst kennen einen Dalmatiner-Besitzer, der zu einem guten Tierarzt geht? Vereinbaren Sie frühzeitig einen ersten Untersuchungstermin und zwar bevor Sie

Neugierde und Kauen sind manchmal eine gefährliche Kombination für einen Dalmatiner. Wenn Ihr Dalmatiner sich frei im Garten bewegen darf, prüfen Sie vorher, dass er sich keinerlei Schaden zufügen kann.

Wusssten Sie schon?

Viele Pflanzen wirken toxisch auf Hunde. Bemerken Sie auf Spaziergängen in unbekannter Umgebung, dass Ihr Hund etwas Merkwürdiges in seinem Maul trägt, rufen Sie ihn und belohnen ihn, wenn er sein Mitbringsel bei Ihnen abgibt. Machen Sie einen großen Bogen um Pflanzen, bei denen Sie schon auf den ersten Blick sicher sind, dass sie giftig sind. Schneller, als Sie reagieren können, hat Ihr Hund sonst davon probiert und sich vergiftet.

Den ersten Tag im neuen Zuhause wird Ihr Welpe damit verbringen, sein Revier zu untersuchen und zu markieren. Zeigen Sie ihm von Anfang an die Stellen, an denen er dies auch darf.

Ihren Welpen abholen. Planen Sie unbedingt diese erste Untersuchung in den ersten Tagen mit ein. Der erste Tierarztbesuch beinhaltet eine allgemeine Grunduntersuchung. Es soll sichergestellt werden, dass der Welpe keinerlei Krankheiten oder andere Probleme hat, die man auf den ersten Blick nicht sieht bzw. erkennen konnte. Weiterhin wird für den Welpen ein Impfplan erstellt. Der Züchter hat Sie darüber sicherlich informiert, welche Impfungen der Welpe bereits erhalten hat. Ein Blick in den Impfpass genügt dem Veterinär, um darauf aufzubauen.

Trainingstip

Die Ausbildung und Erziehung Ihres Welpen benötigt viel Geduld und kann mitunter oft entmutigend sein. Sie werden sehen, dass sich Ihre Mühe lohnt. Wenn Sie der Meinung sind, einen „unerziehbaren" Welpen zu besitzen, sollten Sie mit Ihrem Welpen gemeinsam eine Hundeschule besuchen. Oft gibt es Verständigungsschwierigkeiten mit Ihrem Hund, und Sie selbst benötigen Hilfe bei der Umsetzung der Erziehung. Unter Anleitung einer erfahrenen Person können Sie diese Probleme schnell lösen.

Vorstellung in der Familie

Alle Familienmitglieder sind natürlich sehr aufgeregt. Jeder will den Welpen anfassen und mit ihm spielen. Überstürzen Sie nichts. Lassen Sie bitte nicht alles auf einmal auf den Welpen einwirken. Er ist natürlich sehr ängstlich und ist schließlich das erste Mal ganz allein - ohne Mutter und Wurfgeschwister. Die Fahrt zu Ihnen nach Hause war vielleicht auch seine erste Autofahrt. Es ist nicht ratsam, den Welpen mit all dem Neuen zu überfordern. Es würde ihn nur einschüchtern. Dennoch ist menschlicher Kontakt unbedingt notwendig. Von diesem Zeitpunkt an soll sich eine innige Verbindung zwischen Hund und Familie aufbauen. Vorsichtige Berührungen und beruhigende Worte trösten ihn jetzt über die Situation hinweg. Lassen Sie ihn seine Umgebung ganz allein erkunden (natürlich unter Ihrer Aufsicht!). Der Welpe wird vielleicht die Familienmitglieder begutachten (beschnuppern, wäre hier der richtige Ausdruck) oder er erforscht sein Umfeld. Allmählich sollte sich dann jede Person mit ihm jeweils kurz allein beschäftigen. Knien Sie sich nieder und geben Sie ihm die Möglichkeit dabei an Ihren Händen zu schnüffeln. Streicheln Sie ihn sanft. Der Welpe benötigt jetzt Ihre Aufmerksamkeit und direkten körperlichen Kontakt. So knüpft man einen sofortigen Bund.

Die erste Nacht zu Hause

Sie haben Ihren neuen Schützling vorsichtig im Korb nach Hause gefahren. Er war beim Tierarzt zur Untersuchung, wurde gewogen, die Papiere wurden überprüft und er ist geimpft und entwurmt. Er lernte die Familie kennen, hat alle Familienmitglieder abgeleckt, die aufgeregten Kinder genauso wie die glückliche Katze. Er erforschte sein Umfeld, sein neues Lager, den Garten und alles andere, was ihm erlaubt wurde. Er fraß seine erste Mahlzeit

Ein gut sozialisierter Dalmatiner akzeptiert neu hinzukommende Haustiere sein Leben lang.

im neuen Zuhause und löste sich am geeigneten Platz, um sein Geschäft zu machen. Viele neue Geräusche drangen auf ihn ein, er beschnüffelte neue Freunde und sah mehr von der Welt als je zuvor in seinem Leben. Und das war nur der erste Tag! Er schlägt sich jetzt noch schnell den kleinen Bauch voll und ist fertig, um schlafen zu gehen, so denken Sie vielleicht! Es ist die erste Nacht des Welpen im seinem neuen Heim. Da sagt man nicht nur „Gute Nacht!" Denken Sie daran, dass dies für ihn die erste Nacht in fremder Umgebung ist. Die erste Nacht, in der er ganz allein schläft! Weder seine Mutter noch seine Wurfgeschwister sind in Reichweite. Die Körpernähe fehlt ihm. Er ist ein wenig verstört, kalt und allein. Beruhigen Sie ihn, aber beginnen Sie nicht gleich ihn zu verwöhnen. Geben Sie dem unvermeidlichen Weinen jetzt nicht nach. Welpen heulen oder weinen, wenn sie sich einsam fühlen und ihren Unmut zum Ausdruck bringen möchten. Sie heulen, um die anderen wissen zu lassen wo sie sind und hoffen auf Gesellschaft.

Setzen Sie den Welpen in sein neues Bett in seinem Raum und schließen Sie die Tür. Vielleicht wird er dann sofort und ohne einen Mucks einschlafen. Sollte er weinen, ignorieren Sie es einfach. Dem Welpen geht es sicherlich gut. Jetzt gilt es stark zu sein. Denken Sie daran, was der Welpe möchte, und geben Sie Ihrem Herzen keinen Stoß und sehen nach ihm. Er wird schon einschlafen, aber dafür sollten Sie auch sorgen.

Viele Züchter empfehlen, einen Gegenstand in sein neues Bett zu legen, der aus seiner Zuchtstätte stammt. Der Geruch erinnert den Welpen an die Geschwister. Andere Züchter wiederum verweisen auf eine Wärmflasche. Das letztere ist keine gute Idee, weil die Wärmflasche auslau-

Stress beeinflusst das Immunsystem

Gesundheitsexperten im Hundewesen vermuten, dass Stress während der Wachstumsphase das Immunsystem schädigen bzw. schwächen kann und dies eine mögliche verkürzte Lebenserwartung nach sich zieht. Die Wissenschaftler empfehlen, die Hunde in ihrer Entwicklungsphase glücklich und stressfrei heranwachsen zu lassen.

Begegnen sich zwei Hunde zum ersten Mal, gibt es manchmal eine kurze Auseinandersetzung um die Rangordnung. Stören Sie das „Begrüßungsritual“ nicht, auch wenn Sie den Hund an der Leine führen.

fen könnte, er nass werden würde und dann bestimmt nicht so schnell einschläft. Die erste Nacht kann für den Welpen und Sie stressig sein. Dies ist aber nicht immer so. Senken Sie zur Schlafenszeit Ihre Geräuschkulisse im Haus. Es könnte sonst sein, dass Ihr Welpe jeden Abend um 22:00 Uhr, um Mitternacht oder um 2:00 Uhr nachts spielen möchte. Ihre Familie und Ihr Welpe werden es Ihnen danken.

Problemen vorbeugen

Sozialisierungsphase
Sie haben an alles gedacht, sämtliche Vorbereitungen getroffen, um dem Welpen

Sozialisierungsphase

Die Sozialisierungsphase besteht nicht nur darin, neue Menschen kennenzulernen und neue Erfahrungen zu sammeln. Es kommen ganz alltägliche Dinge hinzu, die für uns Menschen selbstverständlich sind, wie Mitfahren im Auto, Fell bürsten, TV schauen und hören - die Liste wäre endlos. Je mehr Erfahrungen Ihr Welpe sammelt und je positiver diese sind, desto weniger erschreckend werden neue Dinge in dieser prägenden Phase auf den Welpen einwirken.

ein neues Zuhause zu geben und mit ihm ein neues Mitglied in Ihre Familie aufgenommen. Nun wird es Zeit, Spaß zu haben. Während der Eingewöhnungsphase haben sie Gelegenheit, ihren neuen Freund auszuführen und mit ihm spazierenzugehen. Es ist sehr vorteilhaft, wenn der Welpe als niedliche haarige Kreatur angesehen wird. Ihr Welpe sollte außer der eigenen Familie viele andere Leute, Tiere und auch andere Lebenssituationen kennenlernen. In der Wachstumsphase gewonnene Eindrücke werden dem Welpen im Erwachsenenalter helfen, diese Situationen zu beherrschen. Er wird weniger ängstlich sein und braucht nicht scheu und furchtsam zu reagieren, wenn ihm eine neue Situation begegnet.

Die Sozialisierung des Hundes beginnt schon beim Züchter und ist jetzt in Ihre Verantwortung übergegangen. Diese Phase dauert im allgemeinen ungefähr bis zur 12. Lebenswoche. Dann erreicht sie einen kritischen Punkt. Deshalb sollten bis dahin alle Umwelteinflüsse und -eindrücke verankert oder geprägt sein. Ist der Hund älter, äußert sich eine unzureichende Sozialisierung in Furcht und Aggression. Der Welpe benötigt deshalb positiven Kontakt zu Menschen und selbstverständlich auch Begegnungen mit anderen Tieren.

Seien sie während der achten bis zehnten Lebenswoche behutsam. Diese ist als Furcht-Lern-Zeit bekannt. Die Erziehung in diesem Abschnitt sollte besonders ruhig und sanft erfolgen, da sich auch negative Erfahrungen fest beim Welpen einprägen. Sobald Ihr junger Hund alle notwendigen Impfungen erhalten hat, können Sie ihn unbesorgt ausführen (natürlich angeleint). Nehmen Sie ihn bei Ihren täglichen Besorgungen mit und zeigen ihn auch in der Nachbarschaft. Lassen Sie ihn mit anderen Leuten in Kontakt kommen, mit anderen Hunden, anderen Welpen spielen etc.

Tragen Sie Ihren Hund niemals auf Ihrem Arm zum Löseplatz. Er muss eigenständig einen geeigneten Platz finden, um schnell stubenrein zu werden.

Manchmal mögen sich Welpen untereinander erst mal nicht. Es gibt viele Leute, die das nicht wissen oder nicht wahr haben wollen. Jedoch sollten Sie bei jedem Zusammensein einfach gut aufpassen. Wenn beispielsweise Kinder aus der Nachbarschaft nur einmal „Hallo" sagen wollen, ist es sehr zu befürworten und zu begrüßen. Sehr oft werden Kinder und Hunde die besten Freunde. Manchmal kommt es jedoch vor, dass kleine Kinder in ihrem Übereifer unab-

Wann gebe ich meinem Hund Futter?

Zu Beginn sollten Sie ihren Dalmatiner-Welpen mit demselben Futter füttern, das Ihnen der Züchter für die ersten Tage mitgegeben hat. Halten Sie sich hier an den Futterplan. Extraportionen geben sie dem Welpen besser nicht zu häufig, sondern benutzen diese als Lob und Belohnung bei Erziehungsübungen. Seien sie dennoch umsichtig, denn der Kalorienbedarf eines Welpen ist relativ gering und viele kleine Belohnungshäppchen können den Wert des täglichen Ernährungsbedarfs übersteigen.

Sie selbst formen das Verhalten Ihres Welpen vom ersten Tag an. Eine frühzeitig begonnene Ausbildung zahlt sich ein ganzes Hundeleben lang aus.

sichtlich etwas grob mit dem Welpen umgehen oder auch umgekehrt der Hund beim Spielen einmal zwickt. Wirken Sie in der Sozialisierungsphase positiv auf Ihren Hund ein, denn alles was Ihr Welpe in diesem Entwicklungsstadium lernt, prägt für die Zukunft seine Entscheidungen und Eigenarten. Ein junger Hund, der einmal schlechte Erfahrungen mit einem Kind machte, wird auch als erwachsener Hund scheu oder aggressiv gegenüber Kindern sein, und Sie möchten doch einen rundherum lieben und einfach bequemen Hund haben.

Erziehungs- und Trainingshilfen und -anleitungen

Hunde sind Rudeltiere und benötigen einen Rudelführer. Wenn es keinen Anführer gibt, übernimmt der Hund die Rudelführung. Sobald ein Hund in die Familie kommt, liegt es an Ihrer Erziehung, wer der Anführer ist und wer zum Rudel gehört. Das intuitive Verlangen nach Dominanz macht es nahezu unmöglich, in diesem bezaubernden Dalmatiner-Welpen, mit seinen entzückenden Augen und den zu groß geratenen Schlappohren, einen Hund zu sehen, der diesen Vorteil ausnutzen könnte, um die Rudelführung zu übernehmen. Aber der junge Hund wird immer wieder ausprobieren, wie weit er gehen darf und wie weit nicht. Geben Sie diesen treu dreinblickenden Augen nicht nach. Greifen Sie konsequent durch. Sollte es zur Disziplinierung kommen, vergewissern Sie sich, dass alle Familienmitglieder einheitlich handeln. Es verwirrt den Welpen, wenn Mutter sagt, er solle vom Sofa herunter kommen, wenn er dort sonst mit Vater sitzen darf und sie die Abendnachrichten anschauen. Vermeiden Sie Diskrepanzen. Lassen Sie alle im Haushalt lebenden Personen über gewisse Grundregeln entscheiden und Unklarheiten ausräumen, bevor der Welpe ins Haus kommt. Und seien Sie immer einer Meinung, wenn Sie sich durchsetzen wollen! Frühe Ausbildung formt die Persönlichkeit des Hundes. Nur so wissen Sie, was Sie zu erwarten haben.

Hundespielzeug

Eine Vielzahl von Hundespielzeug verspricht eine Menge Spaß. Dennoch ist es beeindruckend, was Welpenzähne in kürzester Zeit mit einem harmlos aussehenden Spielzeug anrichten können. Seien Sie sehr bedacht bei der Auswahl und denken Sie immer zuerst an die Sicherheit Ihres Hundes. Geben Sie dem haltbarsten Produkt den Vorzug. Sicheres Hundespielzeug sind harte Nylonknochen und Nylonspielzeuge, die in den unterschiedlichsten Größen und Formen angeboten werden. Außerdem gibt es Geschmacksrichtungen, deren Duftstoffe Ihrem Hund die Unwiderstehlichkeit des Spielzeugs offenbaren.
Es gibt Bälle und Frisbee-Scheiben, die speziell für Hundezähne hergestellt wurden und extrem widerstandsfähig sind. Ein „Fangspiel“ wird nicht nur Ihrem Hund großen Spaß bereiten.

Allgemeine Welpenprobleme

Probleme verhindert man durch sofortiges Eingreifen bei unerwünschtem Benehmen. Die Redensart „Einem alten Hund kann man keine neuen Kunststücke beibringen" trifft nicht immer zu. Aber mit Sicherheit stimmt es, schneller einem heranwachsenden jungen Hund schlechte Manieren beizubringen, als sie einem erwachsenen Hund wieder abzugewöhnen. Hier gibt es in der Entwicklungsphase bei Welpen ganz spezielle Probleme.

Kauen und Knabbern

Wenn bei den Welpen der Zahnwechsel beginnt, möchten sie ihre Zähne auch ausprobieren. Unglücklicher Weise üben sie dies oft an Fingern, Armen, Haaren, Zehen oder was gerade sonst noch zur Verfügung steht. Auch wenn Sie dies für die ersten fünf Sekunden vielleicht noch niedlich finden, werden Sie irgendwann bemerken, dass Welpenzähne unwahrscheinlich scharf sein können. Unterbinden Sie diese unerwünschten Angewohnheiten. Geben Sie dem Welpen etwas Sinnvolles zum Kauen. Ein Kauknochen hat auch gleich den Nebeneffekt des Zähneputzens.

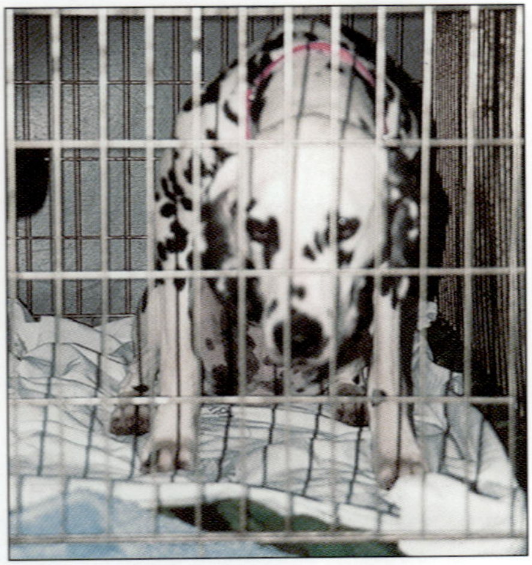

Es gibt Situationen, in denen Sie Ihren jungen Hund einmal für kurze Zeit allein zu Hause lassen müssen. Hier zeigt sich der Vorteil einer frühen Gewöhnung an den Faltkäfig. Ihr Welpe kennt diesen Platz von Anfang an und fühlt sich darin stets sicher und geborgen.

Wussten Sie schon?

Teilen Sie Ihrem Welpen während der Eingewöhnungszeit an den Käfig eine bestimmte Ecke darin ab, da ein zu großer Freiraum manchmal den Trainingserfolg mindert. Der Welpe ist von Natur aus kein Nestbeschmutzer. Diese Tatsache ist die Grundlage für die Eingewöhnung. Er wird den Käfig als geschützten Platz ansehen, den er sauber halten möchte. Ist der Käfig zu groß, wird sich Ihr Hund darin eine Ecke für sein Geschäft suchen und trotzdem weit genug von seinem Schlafplatz entfernt sein. Ein Käfig sollte stets den Höhlencharakter unterstützen. Ausgestattet mit Decken und seinem Lieblingsspielzeug, wird Ihr Dalmatiner diesen Platz als gemütlich und sicher empfinden. Wächst der Welpe zu einem erwachsenen Hund heran, können Sie den Platz erweitern und dem Hund mehr Freiraum zur Verfügung stellen. Zu Beginn bedarf dies manchmal ein wenig Überredungskunst. Hat sich Ihr Dalmatiner aber erst einmal an den Käfig gewöhnt, wird dieser sehr schnell zu seinem Lieblingsplatz.

Weinen, Winseln und Jaulen

Welpen heulen, wenn sie sich unbeachtet oder allein gelassen fühlen. Sie wollen sicher sein, dass sie auf gar keinen Fall vergessen wurden, und machen deshalb auf diese Weise auf sich aufmerksam. Allein fühlt sich ein Welpe schnell unsicher (z. B. wenn Sie außer Haus sind und er in seinem Körbchen auf Sie warten muss, oder Sie sind in einem anderen Teil des Hauses und der Welpe kann Sie nicht sehen). Mit dem Heulen bringt der Welpe zum Ausdruck, wie und was er fühlt, wenn er meint allein zu sein. Bringen Sie ihm also bei, dass alles ist in Ordnung ist, auch wenn er allein ist! Zeigen Sie ihm, dass Sie auch während Ihrer

Abwesenheit Vertrauen zu ihm haben. Sie lenken ihn auf diese Art vom Heulen ab. Sein Körbchen mit gemütlicher Decke und einem Spielzeug wird dem Welpen eine vertraute Umgebung sein.
Sollten Sie einmal nicht auf den Welpen aufpassen können, wissen Sie, dass er sich auf diesem Platz sicher fühlt und nicht irgendwo im Haus herumläuft. Damit der Welpe ohne jegliches Getue und Widerspruch in seinem Körbchen bleibt, muss es gemütlich sein. Es soll in diesem Zusammenhang nicht unerwähnt bleiben, dass die Box nicht als Strafplatz verwendet werden darf, damit der Welpe sie nie mit einer negativen Erfahrung in Verbindung bringt. Gewöhnen Sie ihn schnell ans Körbchen und steigern Sie allmählich die Zeitintervalle, in denen der junge Hund sich mit Freude darin aufhält. Bleiben Sie dennoch in der Nähe, wenn vielleicht auch nicht für den Welpen sichtbar. Sollte er dann heulen oder ähnlich auf sich aufmerksam machen, zeigen Sie sich kurz und sprechen mit dem Hund, gehen Sie

Das Finanzielle...

Pflegeutensilien, Halsbänder, Leinen, Hundebetten und Spielzeug werden neben den Anschaffungskosten des Welpen und den laufenden Futterkosten als Nebenkosten auf Sie zukommen. Viele weitere Aufwendungen werden während des Hundelebens einen festen Posten in Ihrem monatlichen Budget einnehmen. Hinzu kommt, dass Ihr Welpe die eine oder andere Sache im Haushalt beschädigen oder zerstören kann. Selbst mit Floh- und anderen Hygienemitteln wird jeder Hundeeigentümer mehrfach konfrontiert. Sie müssen sich vor dem Kauf eines Hundes über die finanziellen Ausgaben im klaren sein.

aber nicht sofort zu ihm. Er wird sehr schnell merken, dass sein Aufenthalt im Körbchen auch ohne ihre Anwesenheit und Hilfe sicher ist, und er wird auch nicht hysterisch, wenn Sie nicht ständig um ihn herum sind.
Lassen Sie während ihrer Abwesenheit im Hause leise das Radio spielen. Der Klang menschlicher Stimmen kann manchmal sehr tröstend wirken.

Über allen anderen Dingen, die Ihr neuer Dalmatiner Welpe benötigt, braucht er vor allem Ihre Liebe, Ihre Zuneigung und Aufmerksamkeit. Wenn Sie ihm diese Zuwendung nicht geben können, holen Sie sich keinen Welpen nach Hause.

Wussten Sie schon?

Das Kauen geht Hand in Hand mit der Zeit des Zahnwechsels, in der ein Welpe ständig etwas zur Beruhigung seines Zahnfleisches sucht. Da er Sie schlecht anknabbern kann, bevorzugt er vielleicht einen Ihrer Schuhe oder etwas anderes, was er besser nicht kauen sollte. Bedenken Sie, dass dies ein normales Hundeverhalten ist. Es sollte nicht unterbunden, sondern nur in die richtigen Bahnen gelenkt werden. Ihr Hund muss lernen, auf welchen Dingen er kauen darf und auf welchen nicht. Sagen Sie ihm immer wieder "Nein!", wenn Sie ihn beim Kauen an Verbotenem erwischen, aber vor allem: Geben Sie ihm ein Kauspielzeug! Loben Sie ihn dabei, wenn er auf etwas Erlaubtem und für ihn Geeignetem kaut. Wenn die Zähne vollständig durchgebrochen sind, hört der Welpe im Normalfall mit dem Kauen auf. Dennoch halten viele heranwachsende Hunde aus den verschiedensten Gründen an diesem Verhalten fest. Dies lässt darauf schließen, dass der Hund sich vielleicht langweilt, Spannungen abbaut oder einfach gerne kaut. Deshalb ist es wichtig, das Kauen zu lenken, wenn der Hund noch jung ist.

Die tägliche Pflege Ihres Dalmatiners

Überlegungen zur richtigen Ernährung und Fütterung

Heutzutage ist die Auswahl und das Angebot an Hundefutter sehr groß und reichhaltig. Es gibt Nahrungsmittel in allen Geschmacksrichtungen und Zusammensetzungen, die sich vom Welpenfutter über Aufbaufutter für besonders aktive Hunde bis hin zu jenem für Senioren erstrecken. Auch an Hunde mit Allergien und solche, die eine Diät halten müssen, wird dabei gedacht.

Weil die Nahrung einen wesentlichen Einfluss auf das Fell, die allgemeine Gesundheit und Veranlagung Ihres Dalmatiner hat, ist es wichtig, ein jeweils passendes Futter für das entsprechende Alter zu wählen. Auch die verantwortungsvollsten Hundebesitzer sind oft überwältigt und manchmal sogar verwirrt über die breite Palette des Nahrungsangebotes. Füttern Sie nur ein für den Hund vorteilhaftes Futter. Der Hund soll gut aussehen und sich wohl fühlen, dann haben Sie die richtige Wahl getroffen. Da das Futter in direktem Zusammenhang mit dem Allgemeinbefinden Ihres Dalmatiners steht, ist es wichtig einen altersentsprechenden Futterwechsel vorzunehmen. Ein Hauptkriterium bei der Futterwahl sollte der Proteinanteil sein. Ein zu hoher Prozentanteil an besonders purinhaltigen Proteinen, wie sie hauptsächlich in Fleisch- und Fleischnebenprodukten enthalten sind, kann die natürliche Tendenz des Dalmatiners zur Harnsteinbildung fördern. Der Stoffwechsel eines Dalmatiners unterscheidet sich wesentlich von dem anderer Hunderassen, denn er weist eine Besonderheit auf. Das quantitativ am stärksten ausgeschiedene Endprodukt seines Harnstoffwechsels ist nicht wie bei anderen Hunderassen das Allantoin, sondern die Harnsäure. Deshalb ist

Welches Futter ist das beste?

Die Wahl einer guten Fertignahrung kann schwierig sein. Es gibt keine einheitliche Meinung unter den Veterinärwissenschaftlern bezüglich des Wertes von Analysen der Inhaltsstoffe wie Protein, Fett, Fasern, Feuchtigkeit, Rohasche, Cholesterin, Mineralen und vielen mehr. Sie alle stimmen aber darin überein, dass man bei jeder Fütterung den einzelnen Hund ganz individuell betrachten muss. Sein Gewicht, sein Alter, seine Aktivität und seine Vorlieben – all das müssen Sie berücksichtigen. Die Ernährungsbedürfnisse jedes einzelnen Hundes variieren nicht nur im Laufe seines Lebens, sondern auch mit seiner momentanen Aktivität. Wenn Sie Ihrem Hund eine gute Fertignahrung füttern, erfordert es keine Ergänzungen von Fleisch oder Gemüse. Hunde schätzen aber etwas Vielfalt in ihrem Futterplan, so dass Sie zwar bei derselben Marke bleiben können, aber das Aroma variieren, indem Sie zum Beispiel etwas kalte Brühe oder Kräuter zum Futter geben, um den Geschmack zu verändern.

das richtige Futter von großer Bedeutung. Es kommt immer wieder vor, dass sogar die hingebungsvollsten Hundebesitzer durch falsche Futterwahl ihrem Dalmatiner Gesundheitsprobleme bescheren. Achten Sie hier auf die Angaben über die Zusammensetzung des Futters. Es gibt beispielsweise sensitive und kalorienreduzierte Futtersorten. Nur wer die Zusammenhänge versteht, kann die richtige Entscheidung bei der Auswahl des Futters treffen.
Hundenahrung wird in drei Grundarten produziert. Trocken-, Halbfeucht- und Feuchtfutter als Konserve in Dosen. Trockennahrung ist im Einkauf günstiger als Halbfeucht- oder Dosenfutter. Es enthält am wenigsten Fett, ist jedoch reich an Konservierungsmitteln. Dosenfutter hingegen besteht zu etwa 60 bis 70 Prozent aus Wasser, während Halbfeuchtfutter sehr viele Zucker- oder Süßstoffe enthält. Hunde lieben diese, wie kleine Kinder Süßigkeiten lieben. Das ist auch der Grund, warum sie von Hundebesitzern gemieden werden. Bei der Auswahl eines Futters sollten drei Stufen des Wachstums und Alters beachtet werden: Die Welpenphase, die des erwachsenen Hundes und die des älteren Hundes. Daneben sollten immer die körperlichen Anforderungen an den Hund bedacht werden.

In der Entwöhnungsphase sollte den Welpen nur weiches Futter in kleinen Portionen angeboten werden.

Welpenphase

Welpen haben einen natürlichen Instinkt, Milch aus den Zitzen ihrer Mutter zu saugen. Dieses Verhalten sollten sie schon in den ersten Minuten ihres Lebens zeigen. Wenn sie nicht innerhalb

Wussten Sie schon?

Hundenahrung sollte Raumtemperatur haben und nicht zu heiß oder zu kalt gefüttert werden. Frisches Wasser müssen Sie täglich erneuern und in einer sauberen Schüssel anbieten, besonders wenn Sie Trockennahrung füttern. Füttern Sie Ihren Hund niemals vom Tisch während Sie essen. Geben Sie Ihrem Hund niemals Essensreste Ihrer eigenen Mahlzeit, denn diese enthalten normalerweise zu viel Fett und zu viel Würze. Hunde müssen ihre Nahrung kauen, um gleichzeitig den Effekt des "Zähneputzens" zu erzielen. Schwere Brocken sind deshalb ausgezeichnet und dünnflüssigem oder breiigem Futter vorzuziehen. Fügen Sie der Hundenahrung keine Reste oder andere Extras hinzu. Das normale Futter ist ausgewogen, und Zusätze stören das Gleichgewicht. Das Futter sollte dem Alter entsprechend angepaßt werden und erfordert ansonsten keine weiteren Ernährungsvariationen. Ihr Hund kann täglich dasselbe Futter erhalten, ohne daß es ihn irgendwie langweilt oder ihn krank werden läßt.

kurzer Zeit anfangen zu saugen, müssen Sie als Züchter eingreifen. Versuchen Sie selbst den Welpen an die Zitze der Mutter anzulegen. Mit dem Rat und unter Anleitung eines Tierarztes muss die eventuell fehlende Fütterung ausgeglichen werden. Aus diesem Grund werden Welpen zuerst täglich und später wöchentlich gewogen. Es ist eine wichtige Aufgabe des Züchters bei der Aufzucht seiner Welpen. Hierzu benötigt man eine

In den ersten sechs Lebenswochen ist die Muttermilch die beste Nahrung für die Welpen. Sie enthält alle Bestandteile, die für die Ernährung und die Gesundheit des Welpen wichtig sind.

Babyflasche und spezielle Welpenmilch. Die Milch der Mutterhündin ist besonders gehaltvoll, weil sie Kolostrum enthält (eine Art antibiotischer Milch), das die Welpen in den ersten acht bis zehn Lebenswochen schützt.
Die Welpen sollten ungefähr sechs Wochen lang saugen. Wachstum und Gewicht wird dabei ständig kontrolliert. Ungefähr ab der vierten Lebenswoche sollten sie unter Zugabe kleiner Mengen von weichem Welpenfutter langsam von der Mutter entwöhnt werden. Während dieser Zeit ist bei der Mutterhündin auch die Kontrolle und Pflege des Gesäuges von großer Wichtigkeit. Mit dem Ende der achten Lebenswoche sind die Welpen dann vollständig entwöhnt und bekommen nur noch ihr eigenes Welpenfutter. Ist es nicht möglich das Futter selbst zusammenzustellen, kann bereits jetzt Trockenfutter gereicht werden.
Während der Entwöhnungszeit ist die richtige Ernährung ausgesprochen wichtig, da sich der Welpe im ersten Lebensjahr in seiner Hauptwachstumsphase befindet. Wenn Sie bei der Futterwahl unsicher sind, lassen Sie sich von Ihrem Tierarzt beraten. Er kann Ihnen ein Futter empfehlen, das das Wachstum in dieser Zeit unterstützt und bis zum Alter von achtzehn Monaten gefüttert werden kann.

Gesunde Ernährung zeigt sich in der Verdauung

Ein Nachweis für korrekte Ernährung ist Farbe, Geruch und Konsistenz des Kots. Ein gesunder Hund produziert normalerweise drei halbfeste „Haufe“ pro Tag. Sein Stuhl sollte keinen unangenehmen Geruch haben und stets von gleicher Farbe sein.

Ernährung des erwachsenen Hundes

Nach ungefähr zwölf bis fünfzehn Monaten erreicht der Dalmatiner das Erwachsenenalter. Als erwachsen bezeichnet man einen Hund, wenn sein Wachstum abgeschlossen ist. Bei der Größe

Wie ernähren Sie Ihren Hund?

Lesen Sie sich die Inhaltsbeschreibung sorgfältig durch. Viele Hundenahrungsmittel zählen nur 50 bis 55 % der Inhaltsstoffe auf und lassen Sie über die anderen 45 % im Unklaren.

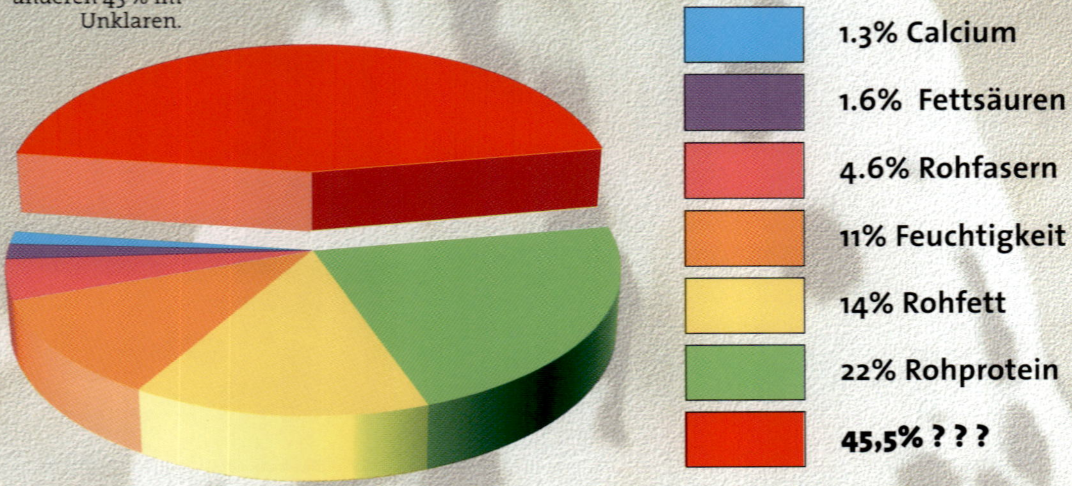

wird seine Höhe und Länge betrachtet. Beim Wechsel von der nährstoffreichen Welpenkost auf die weitere Hauptnahrung ist nicht das momentane Gewicht des Hundes entscheidend sondern seine zu erwartende Größe. Im Zweifelsfall kann Ihnen Ihr Tierarzt sicherlich ein akzeptables Hauptfutter empfehlen.
Hersteller von Hundefutter haben sich auf die Produktion der für den Hund notwendigen Nahrung spezialisiert. Sie zu testen und die schmackhaftesten Sorten anzubieten ist Bestandteil umfangreicher Forschungsprogramme. So unterscheiden sich auch die Futterbedürfnisse aktiver Hunde von denen ruhiger, weniger aktiver Hunde. Bei den Fütterungsanweisungen sollten Sie sich nicht ausschließlich an die Angaben des Herstellers halten, egal welches Futter Sie dem Hund verabreichen. Die auf den Verpackungen aufgeführten Futtermengen gelten nur als Anhaltspunkt. Jeder Hund hat unterschiedliche Anforderungen, manche werden schnell dick, andere wiederum brauchen die doppelte Portion. Sie erkennen am Aussehen und Befinden Ihres Hundes, wie und ob Sie die Futtermenge regulieren müssen. Halten Sie sich an den Leitsatz: Das Auge füttert den Hund!

Ernährung für den älteren Hund

Bei einem älteren Hund ändern sich Stoffwechsel und Stoffumsatz. Normalerweise bewegt sich ein älterer Hund weniger, läuft langsamer und schläft dafür mehr. Diese Änderung der Lebensgewohnheit und körperlicher Leistung erfordert eine Ernährungsumstellung. Altersveränderungen gehen langsam vonstatten und müssen nicht gleich erkennbar sein. Jedoch bemerken Sie leicht, wann Ihr Hund an Gewicht zunimmt. Bei kontinuierlicher Fütterung mit dem gleichen Futter und gleichzeitig träger werdendem Stoffwechsel nimmt ein Hund an Gewicht zu. Fettlei-

Achten Sie bei Ihrem Dalmatiner besonders darauf, was er frisst. Bewahren Sie alle Lebensmittel, die er nicht fressen darf, außerhalb seiner Reichweite auf.

Futter auf Getreidebasis

Häufig basiert das Futter für erwachsene Hunde auf verschiedenen Getreidesorten. Daran ist prinzipiell nichts auszusetzen, wenn es sich nicht um Sojamehl handelt. Sojamehl ist häufig die Ursache für Blähungen und andere Unverträglichkeiten.
Aus Getreide hergestelltes Futter ist preiswert. Qualitativ ist es dennoch gleichwertig mit dem teureren Futter aus tierischem Eiweiß.
Es gibt dennoch Gründe, weshalb einige Hunde eine spezielle Diät erhalten sollten, für die sich ein Futter auf Getreidebasis besonders gut eignet. Überlassen Sie Ihrem Tierarzt die Entscheidung, ob eine Notwendigkeit für eine Diät besteht.

Eine tragende Hündin benötigt besondere Futterzusätze. Ihr Tierarzt kann Ihnen bei diesen speziellen Erfordernissen helfen.

bigkeit bei einem alten Hund bringt Gesundheitsprobleme mit sich und ist oft eine Begleiterscheinung des Alters, die mit dem richtigen Futter ausgeglichen werden muss.

Mit dem Älterwerden Ihres Hundes nimmt die Funktion einiger Organe ab. Die Nierenproduktion ist reduziert und andere innere Organe arbeiten weniger wirkungsvoll. Diese Faktoren können mit einer Futterumstellung bei gleichzeitiger Änderung des Futterplanes reguliert werden, indem man nun zusätzlich kleinere, leicht verdaulichere Portionen anbietet.

Es gibt nicht nur eine gute Ernährung für jeden alten Hund. Vielen Hunden bekommt eine leichtere Kost oder Seniorfutter sehr gut. Für andere wäre Welpennahrung oder ähnlich ausgewähltes Futter mit Lamm und Reis besser geeignet. Ein wenig Fingerspitzengefühl bei der Wahl des Seniorfutters hilft Ihnen vorbeugend die Probleme Ihres alten Freundes aufzufangen.

Futter richtig lagern

Trockennahrung muss sorgfältig gelagert werden. Offene Pakete verlieren ihre Vitamine normalerweise innerhalb von 90 Tagen nach Anbruch der Packung. Bei zu langer Lagerung in geöffnetem Zustand kann das Futter von Pilzsporen und Ungeziefer befallen werden.

Wasser

Ebenso wie das richtige Futter benötigt Ihr Hund auch Wasser. Wasser dient dem ständigen, gleichmäßigen Erhalt von Feuchtigkeit im Körper und fördert zugleich alle Normalfunktionen. Achten Sie in der Erziehungsphase darauf, wieviel Wasser Ihr Dalmatiner trinkt. Erst

Für Ihren Hund muss stets frisches Wasser in einem sauberen Trinknapf bereit stehen.

einmal richtig erzogen, sollte ihm stets frisches, sauberes Wasser zur Verfügung stehen. Der Trinknapf muss immer sauber sein und stets aufgefüllt werden.

Körperliche Bewegung

Bewegung ist für Ihren Dalmatiner außerordentlich wichtig. Dieser fröhliche Hund genießt einen großen, eingezäunten Garten, in dem er spielen und rennen kann – und für ein „Stöckchenspiel" ist immer der richtige Moment!

Körperliche Bewegung kann beim Dalmatiner nicht genug betont werden. Wenn wir uns in Erinnerung rufen, dass diese Hunde dazu fähig sind, Kutschen auf ihren Reise zu begleiten, wird uns sicher klar sein, dass ein einfacher Spaziergang diesen Hund nicht besonders ermüdet. Ein Dalmatiner ohne ausreichende Bewegung kann leicht überaktiv werden. Zu wenig Bewegung schadet ihm deshalb geistig und körperlich. Auch wenn der Dalmatiner eine sehr aktive Rasse ist und seine Spaziergänge sehr genießt, müssen Sie deshalb trotzdem kein olympischer Athlet sein und mit ihm Marathonläufe veranstalten. Regelmäßige Spaziergänge sind jedoch unabdingbar. Spielen Sie mit ihm gemeinsam im Garten oder lassen Sie den Hund unter Aufsicht einfach frei im Garten herumlaufen. So erhält er eine zusätzliche Bewegungsmöglichkeit. Viele Dalmatinerbesitzer haben sich gerade wegen der Lauffreudigkeit für diese Rasse entschieden. Lange Spaziergänge, Radtouren, Wandern oder sogar Schwimmen gehört zu ihrem Standardprogramm. Manche Besitzer schließen sich einem organisierten Hundeverein an, um gemeinsames Training oder Agility-Übungen durchzuführen. Vergessen Sie bei aller Aktivität jedoch nie, dass ein Hund nach der Nahrungsaufnahme immer erst eine Pause benötigt. Ein übergewichtiger Hund darf nur langsam an Fitnessübungen herangeführt werden, die dann umsichtig gesteigert werden sollten. Die Übungen sind nicht nur für die körperliche Fitness des Hundes wichtig. Sie fördern auch das gemeinsame Zusammenleben zwischen Ihnen und Ihrem Hund. Ein sich langweilender Hund äußert oft sehr negative, meist zerstörerische Verhaltensweisen. Bewegung ist deshalb ebenfalls für die mentale Ausgeglichenheit des Besitzers sinnvoll.

Regelmäßige Fellpflege

Bürsten

Auch wenn ein Dalmatiner ein sehr kurzes Haarkleid besitzt, so haart er wie alle anderen Hunde auch. Obwohl das Fell keine intensive regelmäßige Pflege benötigt, kann das Bürsten mit einem Noppenhandschuh förderlich sein, die losen Haare zu entfernen. Bei feuchtem und regnerischen Wetter reicht es, den Hund mit einem Handtuch zu trocknen. Bringen Sie ihrem Hund schon in einem sehr frühen Alter bei, diese Pflegesitzungen zu genießen. Ausgefallene, nicht ausgebürstete Haare können sich sonst überall in Ihrem Haus, auf Ihren Möbeln und Ihrer Kleidung verteilen. Diese Prozedur erfordert nicht mehr als 10 Minuten täglich. Der kleine Welpe steht dabei auf einem stabilen Tisch auf einer nicht rutschenden Unterlage. Sie halten ihn stets gut fest und lassen ihn unter gar keinen Umständen unbeaufsichtigt. So lernt der Welpe von Anfang an, ruhig und sicher zu stehen. Sobald er eine Größe erreicht hat, bei der er zu schwer wird, um auf einen Tisch gehoben zu werden, lassen Sie ihn ruhig vor sich stehen. Stillhalten hat er ja nun bereits gelernt. Intensives Bürsten ist beim Dalmatiner unnötig. Einmal mit der Gummibürste oder Gummihandschuh übers Fell rubbeln genügt vollkommen. Vermeiden Sie den Gebrauch von Draht- oder anderen stabilen Bürsten aus Naturborsten. Die Haut Ihres Hundes wird durch diese Reinigungsutensilien zu stark gereizt, wenn nicht sogar verletzt. Eine tägliche kurze Fellpflege bietet Ihnen auch Gelegenheit, sich über die Fellbeschaffenheit oder Abnormitäten der Haut einen Überblick zu verschaffen. Zudem birgt dieser enge Körperkontakt einen wichtigen Schritt in der Sozialisierung und trägt zu einem ausgewogenen Selbstbewusstsein des Hundes bei.

Dalmatiner lieben Spaziergänge, aber Sie sollten sie dabei an der Leine führen. Ein uneingeschränkter Spaziergang ist nur in einem sicheren, abgeschlossenen Gelände gut, nicht jedoch in einem Park oder im Wald. Denken Sie auch an die Sicherheit oder eventueller Angst anderer Spaziergänger!

Baden und Trocknen

Ein Dalmatiner muss nicht regelmäßig gebadet werden. Dies würde lediglich seine Haut austrocknen und die natürliche

Pflegeutensilien

Für die Grundausstattung sollten Sie sich folgende Gegenstände zulegen:

- Noppenhandschuh
- Gummimatte
- Hundeshampoo
- Ohrreiniger
- Handtücher
- Krallenzange

Sinnvoll sind ferner:

- Softbürste
- Naturborsten-Bürste
- Kamm

Gewöhnen Sie Ihren Dalmatiner bereits als Welpe an seine Körperpflege. Dies schafft einen guten Kontakt zwischen Ihnen und Ihrem Hund. Ihr Dalmatiner lernt still zu stehen und wird diese Prozedur sogar genießen.

Regeneration behindern. Ein Schmutzfleck kann schnell mit einem Tuch abgewischt werden, denn das Fell des Dalmatiners ist sehr pflegeleicht. Nur beim Ausstellungshund kann es ratsam sein, ihn vor der Show noch einmal zu waschen.
Jeder Dalmatinerbesitzer hat seine ganz spezielle eigene Vorstellung über Hundepflege. Aus Sicherheitsgründen sollten Sie eine rutschfeste Matte in die Badewanne legen, damit der Hund sicher stehen kann und nicht ausrutscht. Das Fell wird mit einer Handbrause lauwarm ausgespült. Testen Sie die richtige Wassertemperatur an Ihrer eigenen Hand. Das Duschwasser sollte niemals zu heiß oder zu kalt sein. Verwenden Sie ein spezielles Hundeshampoo, möglichst für empfindliche Haut, und seien Sie besonders im Kopfbereich sehr vorsichtig. Gern wird auch ein Babyshampoo für den Kopfbereich benutzt, um die Augen zu schonen. Stecken Sie einen Wattestopfen in die Ohren, damit kein Wasser eindringen kann. Bevor Sie Ihren Hund aus der Badewanne herausheben, streichen Sie zuerst mit einem saugfähigen Handtuch das Wasser aus seinem Fell. Rubbeln Sie ihn dann gründlich mit einem Handtuch ab. Seien Sie darauf gefasst, dass sich der Hund dann erst einmal schütteln wird. Bevor Sie mit ihm weitere Aktionen unternehmen, achten Sie darauf, dass das Fell trocken ist, um eine Erkältung zu vermeiden.

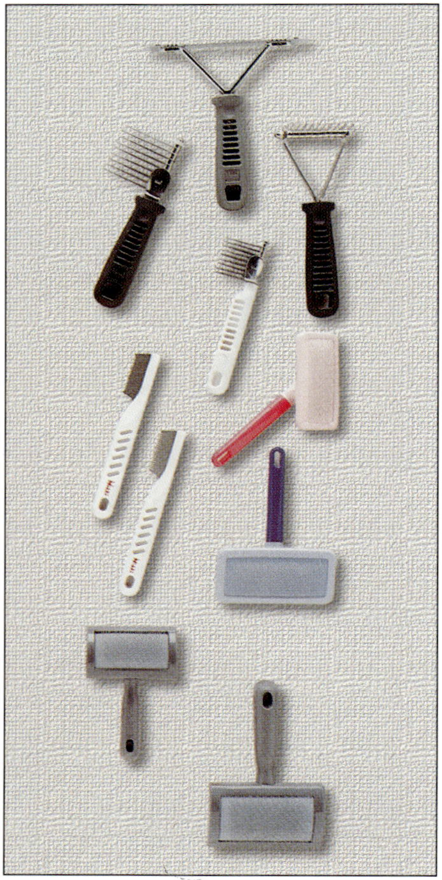

Für Ihren Dalmatiner eignen sich nicht alle Pflegeartikel, die Ihnen Ihr Fachhandel anbietet. Metallkämme oder scharfe Drahtbüsten sind nicht geeignet, weil sie bei dieser kurzhaarigen Hunderasse leicht die Haut verletzen. Es ist ausreichend, wenn das Fell regelmäßig abgerubbelt wird, um loses und totes Haar zu entfernen.

Reinigung der Ohren

Kontrollieren Sie die Ohren stets auf Sauberkeit. Manchmal wachsen in den Ohren einige Haare. Diese können Sie vorsichtig mit einer speziellen, an den Enden abgestumpften Pinzette oder einfach mit Ihren Fingerspitzen entfernen. Spezielle Wattestäbchen machen die Ohrpflege einfach. Achten Sie auf Anzeichen von Infektionen oder Ohrmilbenbefall. Wenn sich Ihr Dalmatiner häufig schüttelt oder am Kopf kratzt, können Milben die Ursache sein. Ein ungewöhnlicher Geruch im Ohr ist ebenfalls ein Anzeichen für Ohrmilben oder Infektionen. Suchen Sie zur Kontrolle einen Tierarzt auf.

Krallen schneiden

Ihr Dalmatiner sollte sich schon früh an das Schneiden der Krallen gewöhnen,

Schmutzflecke können leicht mit einem nassen Waschlappen entfernt werden, sowohl um das weiße Fell sauber zu halten, als auch um schlammige Fußabdrücke im Haus zu vermeiden.

denn es wird ein Teil seiner routinemäßigen Pflege. Kurze, gepflegte Krallen sehen nicht unbedingt besser aus, sie schützen aber davor, etwas zu beschädigen oder jemanden unabsichtlich zu kratzen. Lange Krallen können leichter verletzt werden, aufreißen und dann stark bluten. Außerdem werden die Füße von zu langen Krallen weit und breit. Bei langen Krallen hört man beim Laufen das Geräusch von klickenden Nägeln auf dem Fußboden. Dies kann man sich für das notwendig werdende Krallenschneiden als Anhaltspunkt merken. Überzeugen Sie sich vor dem ersten Schneiden, wo sich in jeder Kralle das Leben befindet. Damit ist die Blutvene gemeint, die im Zentrum jeder Kralle verläuft. Sie wird zum Ende hin immer schmaler.

Den Hund baden

Shampoo, Seifen und Badezusätze die wir als Mensch benutzen, sind auch ausschließlich für diesen Gebrauch gedacht. Für die empfindliche Haut und das Fell eines Dalmatiners können sie sehr schädlich sein. Für den Menschen gedachte Produkte sind für Hunde zu stark, weil sie leicht die wasserabweisende Schutzschicht des Felles angreifen. Ihr Dalmatiner benötigt nur dann ein Bad, wenn sein Fell sehr schmutzig ist oder Ihr Tierarzt ihm ein medizinisches Bad verordnet. In jedem Fall benutzen Sie ein spezielles Hundeshampoo.

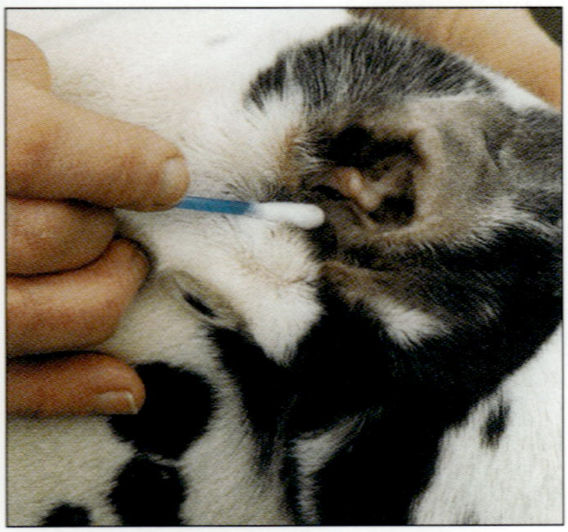

Für die Ohrreinigung können Sie ein Wattestäbchen verwenden. Achten Sie jedoch darauf, nicht zu weit in den Ohrkanal einzudringen, weil Sie leicht etwas verletzen könnten.

Worauf Sie bei der Fellpflege achten sollten

Streichen Sie nach der Fellwäsche das Wasser mit Ihrer Hand aus dem nassen Fell des Hundes und rubbeln Sie ihn gründlich mit einem Handtuch trocken. Sie können sein Fell auch mit einem Fön trocknen. Bei kaltem Wetter sollten sie es jedoch nicht einfach an der Luft trocknen lassen, da dann Erkältungsgefahr besteht.
Im Fachhandel erhalten Sie Trockenshampoo oder Sprays für eine Anwendung zwischendurch, falls dies wirklich notwendig sein sollte. Sie sind kein Ersatz für regelmäßige Bäder, aber sie sind leicht für Auffrischungen zu verwenden, weil ein Nachspülen nicht erforderlich ist.

Haben Sie versehentlich den Kern verletzt, blutet es nicht nur sehr stark, sondern es ist auch sehr schmerzhaft für den Hund, weil sich dort die Nervenenden befinden. Sollten Sie dennoch einmal zu weit geschnitten haben, verwenden Sie ein blutstillendes Mittel

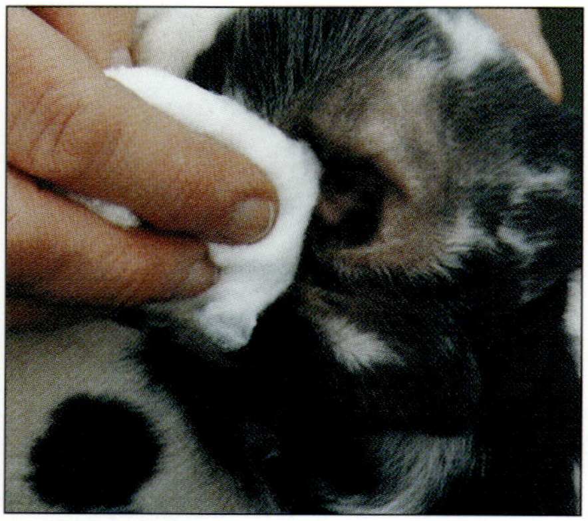

Ein Wattebausch erleichtert die vorsichtige Reinigung um und im Ohr. Kontrollieren dabei, ob das Ohr frei von Milben, Infektionen oder Hautirritationen ist.

Krallen schneiden

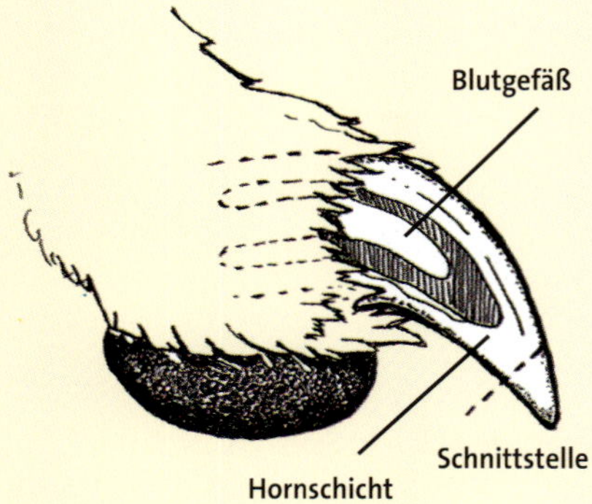

Dunkle Krallen

Bei schwarzen oder dunklen Krallen ist es besser, von Zeit zu Zeit nur ein kleines Stück zu schneiden oder eine Feile zu benutzen. Denn die Blutgefäße sind nicht zu sehen.

Helle Krallen

Bei hellen oder durchscheinenden Krallen ist das Schneiden einfach, weil man die Blutgefäße innerhalb der Kralle durchscheinen sieht.

(ähnlich wie es beim Rasieren benutzt wird). Die Blutung wird schnell gestoppt und Sie können mit der Krallenpflege fortfahren. Geraten Sie nicht in Panik, reden Sie beruhigend mit Ihrem Hund und stoppen einfach die Blutung. Hat sich der Hund beruhigt, wenden Sie sich der nächsten Kralle zu. Besonders bei Hunden mit schwarzen Krallen ist es besser, immer nur ein kleines Stück zu kürzen. Halten Sie Ihren Welpen beim Schneiden gut fest, damit er keine Gelegenheit hat, zwischendurch plötzlich wegzulaufen. Während Sie sanft mit ihm sprechen, halten Sie die Pfote fest in Ihrer Hand und schneiden jedes Krallenende mit einem kurzen, schnellen Schnitt ab. Spezielle Krallenscheren erhalten Sie im Fachhandel für Hundezubehör.

Reisen mit Ihrem Dalmatiner

Autoreisen

Gewöhnen Sie Ihren Dalmatiner rechtzeitig an das Autofahren. Früher oder später müssen Sie einmal zum Tierarzt, und dann ist es von Vorteil, wenn Ihr Hund sich bereits ans Autofahren gewöhnt hat. Am sichersten fährt Ihr Hund natürlich in einem Hundetransportkäfig. Eine Kunststoffbox ist ebenfalls praktisch auf Reisen. Benutzt Ihr Hund im Haus eine Box, können Sie diese auch für Ihre Reisen benutzen. Setzen Sie den Welpen mitsamt der Box ins Auto und schauen Sie, wie er reagiert. Wirkt er unruhig, sollten Sie jemanden bitten, ihn während der Fahrt auf den Schoß zu nehmen. Eine weitere Möglichkeit ist es, den Hund mit einem speziellen Hundesicherheitsgurt anzuschnallen. Auf keinen Fall lassen Sie den Hund während der Fahrt unangeleint im Auto laufen. Dies lenkt Sie sehr ab und ist gefährlich. Scharfes Bremsen führt dazu, dass der Hund durchs Auto geschleudert wird und sich ggf. schwer verletzt. Sollte der Hund beginnen im Auto umher zu klettern oder Sie während der Fahrt zu stören, werden Sie nicht in der Lage sein, sich auf die Straße zu konzentrieren. Es ist für den Menschen wie für den Hund eine unsichere und gefährliche Situation. Auf langen Fahrten geben Sie dem Hund durch Zwischenstopps ausreichende Möglichkeiten, sich zu

Regelmäßige Krallenpflege

Läuft ein Hund häufig auf harten Fußboden oder Untergrund wie Beton oder Steinplatten, nutzen sich seine Krallen automatisch ab und erübrigen ein Kürzen der Nägel mit einer Krallenschere. Ausgenommen hiervon sind die kälteren Jahreszeiten, weil sich der Hund dann häufiger im Haus aufhält. Gewöhnen Sie Ihren Hund deshalb in jedem Fall an eine routinemäßige Krallenpflege.
Manche Hunde reagieren bei der Berührung ihrer Pfoten sehr sensibel. Hat Ihr Dalmatiner bereits als junger Hund gelernt, daß die Krallenpflege zum Pflegeablauf gehört, wird es ihn auch später nicht stören.

Bei den hellen Nägeln des Dalmatiners ist das Nagelinnere leicht zu erkennen und der Nagel kann ohne Komplikationen gekürzt werden.

Bei dieser „Guillotine"-Krallenzange führen Sie den Nagel des Hundes ein und kürzen ihn durch schnelles Zusammendrücken der Zange.

Während einer Autofahrt ist Ihr Dalmatiner in einem speziellen Faltkäfig am sichersten aufgehoben. Bei diesem fest montierten Käfig ist sogar eine Trennwand für die Unterbringung eines zweiten Hundes vorgesehen.

lösen. Nehmen Sie auch Tücher oder Papiertücher mit ins Auto, falls dem Hund übel werden sollte.

Flugreisen

Wenn Sie Ihren Hund im Flugzeug mitnehmen möchten, melden Sie ihn bei der entsprechenden Fluglinie an. Es ist nicht ungewöhnlich, dass Hunde im Flugzeug reisen, aber sie benötigen hierzu eine besondere Erlaubnis. Um die Transportkapazität einzuplanen, benötigt die Fluggesellschaft Ihre rechtzeitige Anmeldung. Eine spezielle Transportbox wird von den Fluggesellschaften vorgeschrieben. Falls Ihre Box flugtauglich ist und den internationalen Flugvorschriften entspricht (IATA-geprüft), können Sie diese benutzen. Bei einigen Fluglini-

Ihr Dalmatiner sollte niemals ungesichert bei Ihnen im Auto mitfahren. Ein sich im Auto frei bewegender Hund birgt eine große Gefahr für alle Insassen.

en können Sie diese Boxen auch mieten oder kaufen. Ein Lieblingsspielzeug in der Box wird Ihrem Hund die Reise erleichtern.

Sechs Stunden vor Beginn der Reise sollte die letzte Fütterung erfolgen. Ein voller Bauch quält den Hund nur unnötig. Ausreichend frisches Wasser sollte während der Reise ebenfalls in der Box zur Verfügung stehen. Stellen Sie sicher, dass Ihr Hund jederzeit identifiziert werden kann und befestigen Sie auch an der Transportbox eine Kennzeichnung. Tiere werden ab einer bestimmten Größe und einem bestimmten Gewicht im Frachtraum transportiert. Große Fluglinien sind dafür jederzeit ausgerüstet und routiniert. Da Sie getrennt reisen und normalerweise während des Fluges keinen Kontakt zu Ihrem Hund aufnehmen können, sollten Sie Ihren Tierarzt fragen, ob ein leichtes Beruhigungsmittel angebracht erscheint.

Viele Länder verlangen zudem ein Gesundheitszeugnis bzw. eine Einfuhrgenehmigung. Diese unterliegen bestimmten Fristen. Gesundheitsnachweise, die über einen Bluttest bestimmt werden, dauern oftmals ein paar Wochen, bis eine Auswertung vorliegt. Setzen Sie

Reistipp

Die häufigsten Kurzfahrten mit Ihrem Hund sind wahrscheinlich die Fahrten zu Ihrem Tierarzt. Lange Autofahrten unternehmen Sie bei Urlaubsfahrten mit der gesamten Familie. Welches auch Anlaß oder Grund einer Reise oder Fahrt sein mag, achten Sie in jedem Fall stets auch auf die Sicherheit Ihres Hundes.

Für eine Reise im Flugzeug ist eine spezielle Transportbox erforderlich. Diese muß den internationalen Anforderungen des Luftverkehrs entsprechen (IATA-zugelassen). Eine Flugreise muss sorgfältig geplant werden. Gewöhnen Sie den Hund rechtzeitig an die Flugbox und machen Sie Ihrem Dalmatiner den Transport durch Beigabe seines Lieblingsspielzeugs so angenehm wie möglich.

sich mit Ihrem Tierarzt oder dem Amtstierarzt in Verbindung. Er kann Ihnen bei den Formalitäten behilflich sein. Es ist deshalb unbedingt notwendig, sich rechtzeitig über die Einreisebestimmungen zu informieren.

Unterbringung während des Urlaubs

Sie möchten mit Ihrer gesamten Familie in Urlaub fahren? Dann treffen Sie alle für Ihre Abwesenheit notwendigen Vorbereitungen für die Unterkunft des Hundes. Klären Sie rechtzeitig ab, ob Hunde an Ihrem Urlaubsort erwünscht sind. Ist es Ihnen nicht möglich, Ihren Dalmatiner mit in den Urlaub zu nehmen, sollten Sie besondere Vorkehrungen treffen. Vielleicht könnte ein Nachbar oder Familienangehöriger den Hund für diese Zeit in Obhut nehmen? Anderenfalls sehen Sie sich nach einer geeigneten Hundepension um. Bei einem vorherigen Besuch können Sie sich von den örtlichen Gegebenheiten und den hygienischen Zuständen überzeugen. Unterhalten Sie sich mit den Pflegern, beobachten Sie deren Umgang mit den Tieren und bringen Sie in Erfahrung, wieviel Zeit für die Pensionsgäste aufgewendet wird. Sie wissen, wieviel Bewegung Ihr Dalmatiner benötigt. Sorgen Sie dafür, dass er auch ausreichende Beschäftigung erhält, da er sich sonst nicht wohl fühlt. Berücksichtigen Sie weiterhin, dass die erforderlichen Impfvorschriften zwingend eingehalten werden müssen. Das Risiko von Krankheitsübertragungen ist größer, je mehr Tiere beieinander sind. Alternativ bieten auch manche Tierärzte derartige Unterbringungsmöglichkeiten an. Fragen Sie einfach danach.

Einreisebestimmungen

Treffen Sie bei internationalen Reisen frühzeitig Arrangements (vielleicht schon Monate im voraus) über die Ankunft Ihres Hundes. Die internationalen Einfuhrbestimmungen sind sehr unterschiedlich. Manche Länder verlangen spezielle tierärztliche Atteste und/ oder bestimmte Impfungen, die innerhalb eines gewissen Zeitrahmens gültig sein müssen. In Tollwut-freien Ländern muß man häufig den Impfnachweis über einen Bluttest erbringen. Einige Länder haben immer noch bestimmte Quarantänevorschriften.

Identifikation des Hundes

Ihr Dalmatiner ist Ihnen wertvoller Begleiter und Freund. Aus diesem Grund lassen Sie ihn auch kaum aus den Augen. Sie wollen sicher sein, dass er nicht aus Ihrem Garten läuft oder sich aus seinem Halsband befreit. Trotzdem kann es z. B. bei einem Unfall vorkommen, dass der Hund unerwartet in Panik gerät. Sollte dies geschehen, steht ein Hund oft unter Schock. Er läuft desorientiert umher und Sie finden ihn meistens nicht sofort wieder. Eine eindeutige Identifizierung verbessert die Chance, ihn schnell und unversehrt zurück zu erhalten. In vielen Ländern werden die Welpen noch vor der Abgabe beim Züchter tätowiert oder mit einem Mikrochip versehen. Diese enthalten die Registriernummer, unter der der Welpe bei einem Klub eingetragen wurde und die auch auf seiner Ahnentafel vermerkt ist.

Egal wie lange die Fahrt dauert, in diesem Käfig ist Ihr Dalmatiner sicher aufgehoben.

Manchmal ist es erforderlich, Ihren Dalmatiner für die Zeit Ihrer Abwesenheit in eine Pension zu geben. Informieren Sie sich frühzeitig und suchen Sie eine saubere und freundliche Unterbringungsmöglichkeit aus, die auch kompetentes Pflegepersonal nachweisen kann. Fragen Sie Ihren Tierarzt, ob er eine Pension kennt.

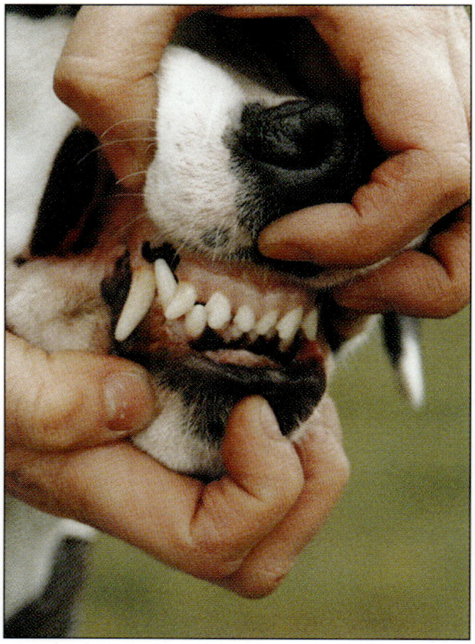

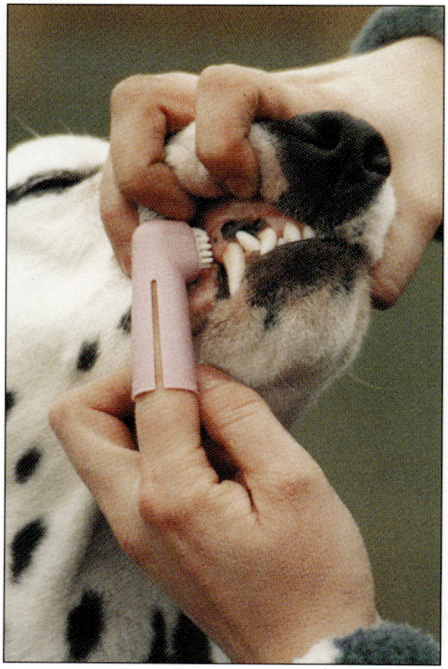

Zahnpflege ist auch zwischen den regelmäßigen Tierarztbesuchen notwendig. Regelmäßige Zahnkontrolle ist ebenso wichtig wie die Reinigung der Zähne. Die Zähne und das Zahnfleisch sollten auch auf Plaqueansammlungen und Fremdkörper untersucht werden.

Dieser niedrige Zaun ist keine große Hürde für einen Dalmatiner! Um eine Flucht zu verhindern, sollten Sie Ihren Garten sicher umzäunen.

Identifikation ist Vorsorge

Sollte Ihr Hund „verloren" gehen, kann er natürlich nicht selbst nach dem Heimweg fragen.
Am Halsband befestigte, kleine Identifikationsplaketten, geben wichtige Informationen über den Besitzer. Sie enthalten Auskunft über den Namen des Hundes, des Besitzers und über seine Adresse oder Telefonnummer. So wird einem ehrlichen Finder die Arbeit und Mühe erleichtert, den Wohnort ausfindig zu machen, um den Hund zurück zu bringen. Eine Plakette ist auch eine Bestätigung für den Finder: Dieser Hund wird vermißt und ist kein herumstreunender Hund. Es ist die einfachste Art zur Identifikation, vorausgesetzt man hat es gut am Halsband befestigt und das Halsband befindet sich am Hund!

Es gibt viele Arten von Identifikationsschildern. Die Erkennungsmarken sollten die Adresse des Eigentümers enthalten und sicher am Halsband des Hundes befestigt sein.

Erziehung und Training Ihres Dalmatiners

Dieser Dalmatiner folgt brav der Aufforderung "Sitz!". Durch sorgfältige und intensive Erziehung wird auch Ihr Hund „Sitz“ und „Bleib“ freudig ausführen.

Die Ausbildung Ihres Dalmatiners

Das Zusammenleben mit einem nicht erzogenen Hund ist ähnlich, wie ein Klavier zu besitzen, ohne zu wissen, wie man es spielt. Es ist ein schönes Objekt, das durch sein bloßes Anschauen Freude bereitet. Nehmen Sie nun Klavierunterricht, erwacht es plötzlich zum Leben. Es bringt zauberhafte Klänge und Rhythmen hervor und macht Sie fröhlich und beschwingt.

Dasselbe passiert mit Ihrem Dalmatiner. Erst einmal erfreuen Sie sich seines Anblicks. Außer Futter, Wasser und täglichem Auslauf fordert ein Hund nicht viel. Wenn man darüber nachdenkt, ist dies eigentlich sehr wenig. Ohne Erziehung entwickelt Ihr Freund dann irgendwann ein inakzeptables Benehmen. Nach einiger Zeit beginnt es Sie zu stören und macht Sie sogar wütend, weil Sie nichts gegen diese Angewohnheiten unternehmen. Letztlich kostet es dann auch eine Menge Geld. Hatten Sie es sich so vorgestellt? Bilden Sie Ihren Dalmatiner aus! Bringen Sie ihm am besten unter Anleitung Gehorsam bei. Lehren Sie ihn gute Manieren – wie und warum er dieses oder jenes tun oder auch nicht tun soll. Finden Sie einen Weg der Kommunikation mit Ihrem Hund. Auf diese Weise nimmt Ihr Hund einen ganz anderen Platz in Ihrem Leben ein. Er ist freundlich, interessiert, benimmt sich, hat Spaß und demonstriert Ihnen täglich aufs Neue Ihre gemeinsame Verbundenheit. Mit anderen Worten: Ihr Dalmatiner hat für Ihr Wohlbefinden gesorgt und damit ein kleines Wunder vollbracht. Er erinnert Sie stets daran, dass Sie nicht nur sein Besitzer sind, son-

Wussten Sie schon?

Hunde betrachten die „Spezies Mensch“ als Rudel zugehörig. Hunde kommunizieren mit ihrem Menschen und erkennen ihn als ihren Rudelführer an. Das Verhalten eines Hundes gegenüber kleinen Kindern ist anders als gegenüber Erwachsenen. Welpen glauben, daß Kinder sich auf ihrer Gesellschaftsebene befinden. Deshalb sollte man sie auch nicht unbeaufsichtigt miteinander spielen lassen.

Wussten Sie schon?

Seit dem der Preis für einen Dalmatiner Welpen mehr und mehr gestiegen ist, besonders, wenn es sich um Ausstellungs- oder Zuchttiere handelt, ist auch das Risiko größer geworden, dass der Welpe gestohlen wird. Ein Hundehalsband mit Plakette kann schnell entfernt werden. Es gibt zwei bessere Möglichkeiten zur Identifizierung. Welpen werden beim Züchter tätowiert und Sie können als Alternative, dem Welpen einen Mikrochip implantieren.
Der reiskorngroße Mikrochip wird vom Tierarzt mit einer kleinen Kanüle unter die Haut des Welpen implantiert. Die Identifizierung erfolgt durch einen Scanner, der mittlerweile in vielen Tierarztpraxen zur Verfügung steht. Auch Tierheime sind mit solchen Geräten ausgestattet und können so die Hunde identifizieren. Dies ist natürlich kein ausreichender Schutz gegen Diebstahl. Sollte Ihr Welpe jedoch weglaufen und aufgefunden werden, wird die Rückgabe durch eine schnelle Identifizierung wesentlich erleichtert.
Die Tätowierung kann an verschiedenen Körperstellen vorgenommen werden. In Deutschland bevorzugt man die Kennzeichnung im rechten Innenohr. Rassehundeklubs tätowieren die Welpen meist bei der Wurfabnahme. Die Tätowier-Nummer enthält alle oder einzelne Ziffern der Registriernummer des Zuchtbuchs. Man kann eine Tätowierung auch durch einen Tierarzt vornehmen lassen. Er kann die Telefonnummer oder aber eine Zählnummer des TASSO Haustierregisters in das Ohr eintätowieren. Da ein tätowierter Hund von Versuchslaboren nicht gekauft wird, ist die Chance des Diebstahls geringer.

dern auch sein Held! Auf diese wunderbare Weise haben Sie einen angenehmen Hund, mit dem Sie sich auch wohl fühlen können, erhalten und sogar Ihre Familie und Ihre Freunde haben die Umwandlung mitbekommen.
Viele erfahrene Hundeausbilder bestätigen eine interessante Feststellung: Ein Welpe hat dann die höchste Erfolgsquote in seiner Entwicklung, wenn man ihn rechtzeitig zu einem gut angepassten Hund erzieht. Einen etwas älteren Hund, etwa ab einem Alter von sechs Monaten bis hin zu sechs Jahren zu trainieren, kann fast gleiche Ergebnisse hervorbringen. Voraussetzung hierfür ist, dass der Eigentümer das langsamere Tempo der Gelehrigkeit des Hundes akzeptiert. Ist er bereit, geduldig zu arbeiten, hilft er dem Hund, in seiner Entwicklung Erfolgserlebnisse zu haben, und kann dessen volles Potential ausschöpfen. Wenn sich der gewünschte Erfolg nicht einstellt, mangelt es vielen Besitzern von älteren Hunden unglücklicherweise oft nur an Geduld.
Beginnen Sie deshalb mit der Erziehung bereits beim Welpen. Eine lernfreudige Phase hat der Welpe zwischen der achten bis sechzehnten Lebenswoche (eventuell bis zur zwanzigsten Lebenswoche). Alles in dieser Zeit Beigebrachte und Erlernte wird er aufsaugen wie ein trockener Schwamm. Er ist stets bereit, Neues dazuzulernen. Der Grund des schnellen Erfolgs liegt darin, dass der Körper des Hundes in diesem jungen Alter noch keine Sexualhormone produziert.
Ohne Hormone konzentriert sich der Hund auf seinen Besitzer und ist nicht besonders an anderen Dingen, wie Hunden, Menschen etc. interessiert. Sie sind sein „Leittier“. Von Ihnen erhält er Nahrung, Wasser, Unterkunft und Sicherheit. Er schließt sich Ihnen an, um Ihnen

nah zu sein. Wohin Sie auch gehen, stets möchte er Ihnen folgen. Besonders außerhalb Ihres Hauses möchte er Sie nicht aus den Augen verlieren. Er reagiert freundlich und mit gutem Benehmen gegenüber anderen Tieren und Personen. Wenn Sie einen guten Freund herzlich begrüßen, wird er dies ebenfalls tun. Auch wenn Sie in irgendeiner Weise ängstlich sein sollten, wird Ihr Hund gleichfalls so reagieren.
Wenn der Welpenkörper beginnt, Sexualhormone zu produzieren, kommt seine natürliche Neugier zum Vorschein und er beginnt sein Umfeld zu untersuchen. Zu diesem Zeitpunkt merken Sie, dass nicht erzogene Hunde Kommandos Ihres Besitzers zum Teil ignorieren und anfangen, eigene Wege zu gehen. Sie entfernen sich vom Rudel. Wird dies Verhalten zum Problem, hat der Besitzer zwei Möglichkeiten: den Hund loszuwerden oder ihn zu erziehen. Natürlich werden Sie letzteres bevorzugen. Leider finden Lehrgänge oft nicht in Ihrer näheren Umgebung statt oder es werden häufig sehr teure Kurse angeboten. Viele Probleme können Sie im Einzelfall selbst lösen. Dieses Buch bietet nur eine von vielen Hilfestellungen. Dieses Buch wird Ihnen die Erziehung Ihres Dalmatiner erleichtern. Es gibt Denkanstöße und hilft Ihre Fortschritte im Erziehungskurs zu vertiefen.
Wenn Sie alle Anweisungen gründlich befolgen, kommen Sie schnell zu positiven Resultaten. Egal ob Ihr Dalmatiner nun ein Welpe oder ausgewachsener Hund ist, die Lernmethoden und die Lerntechniken für die Grundausbildung sind die gleichen. Es ist auch unwesentlich, ob es sich um einen Welpen oder um einen erwachsenen Hund handelt, keiner von beiden mag strenge oder unmenschliche Methoden. Alle Kreaturen werden durch freundliche Methoden, aufrichtigem Lob und Unterstützung motiviert. Lassen Sie uns beginnen!

Klare Anweisungen

Hunde reagieren bei Stimmungsschwankungen ihres Herrn (Rudelführer) sehr sensibel. Sprechen Sie leise mit Ihrem Hund. Sollten Sie ärgerlich sein, erheben Sie nie Ihre Stimme, um Ihren Hund zu korrigieren oder zu maßregeln. Ihren Hund „anzubellen" wird auf diese Weise überflüssig. Er versteht dies ebenso wenig, wie Sie seine Hundesprache verstehen. Denken Sie nach, bevor Sie „losbellen"!

Grunderziehung

Nichts zahlt sich für Ihren Dalmatiner mehr aus als eine solide Grunderziehung. Genießen Sie diesen Nutzen für die Lebensdauer Ihres Dalmatiners. Ein Kursus bietet Ihnen außerdem noch die Möglichkeit, andere Hundebesitzer kennenzulernen und sich mit ihnen auszutauschen, weil sie Ihr Interesse teilen.

Stubenreinheit

Jedem Welpen ist beizubringen, sich an einem bestimmten Platz – und nur dort – zu lösen. Viele Stadtbewohner erziehen ihre Welpen beispielsweise dazu, ihr Geschäft am Straßenrand zu erledigen, weil es einfach nirgendwo Gras gibt. Vorstadtbewohner dagegen haben meist einen Garten, an den sie ihre Welpen gewöhnen. Sie sehen: Draußen stehen die verschiedensten Bodenverhältnisse (Gras, Erde, Zementflächen

und so weiter) als mögliche Löseplätze zur Verfügung. Soll er hingegen sein Geschäft drinnen verrichten, greift man gewöhnlich zum Zeitungspapier.
Wenn Sie einmal festgelegt haben, auf welchem Untergrund Ihr Dalmatiner sich lösen soll, dann ist das eine Entscheidung für immer, das muß Ihnen klar sein. Wenn Sie Ihren Hund erfolgreich an Gras gewöhnt haben und es sich nach zwei Monaten plötzlich anders überlegen, dürfte diese Umgewöhnung für Ihren Hund schwierig zu lernen und für Sie schwierig zu vermitteln werden.

Als nächstes überlegen Sie sich ein Kommando, das Sie ausnahmslos jedesmal benutzen, wenn sich Ihr Welpe lösen soll. Da gibt es viele Möglichkeiten; häufig gebraucht wird zum Beispiel: „Mach ein Bächlein!“. Wenn ihm das von Ihnen bevorzugte Kommando geläufig geworden ist, machen Sie es sich bevor Sie mit ihm hinausgehen zur Gewohnheit, ihn zu fragen: „Musst Du ein Bächlein machen?“. Er wird den Ausdruck wiedererkennen und genau wissen, was auf ihn zukommt. Wenn ihm das schließlich in Fleisch und Blut übergegangen ist, werden Sie schon an seiner Reaktion auf Ihre Frage erkennen können, ob er wirklich muss oder nicht. Aufgeregtes Umherlaufen, Schwanzwedeln und Begeisterung bedeuten unverkennbar „Ja!“.

Was bei Welpen zu beachten ist

Welpen lösen sich gewöhnlich nach dem Spiel, nach dem Füttern, nach dem Schlafen oder auch einmal zwischendurch, wenn sie einen dafür geeigneten Platz gefunden haben. Die Schließmuskeln sehr junger Welpen sind ähnlich wie bei Babys noch nicht voll trainiert. Welpen lösen sich deshalb häufiger.Gehen Sie mit Ihrem Dalmatiner so häufig wie möglich hinaus. Bei einem acht Wochen alten Welpen sollte dies tagsüber zu jeder Stunde erfolgen. Morgens müssen Sie mit Ihrem Welpen gleich nach dem Erwachen nach draußen gehen, das kann dann auch um fünf Uhr sein! Fordern Sie ihn auf, sein Geschäft zu machen. Je älter der Welpe wird, um so weniger muss er sich lösen. Letztendlich muss ein erwachsener, gesunder Hund nur noch drei- bis fünfmal täglich Gassigehen.

Als umsichtiger Mitbürger ist es für Sie selbstverständlich die kleinen Missgeschicke Ihres Hundes zu entfernen und eine saubere Umwelt zu hinterlassen.

Unterbringung

Die Unterbringungsmöglichkeiten und die Erziehung des Welpen stehen in direktem Zusammenhang mit der erfolgreichen Erziehung zur Stubenreinheit. Ein Welpe ist von Natur aus kein Nestbeschmutzer und deshalb immer bemüht, seine Umgebung sauber zu

Der verstandene Hund

Einen Hund zu trainieren macht Sie um eine Lebenserfahrung reicher. Viele Eltern versuchen, das Wissen über Kindererziehung teilweise auf Ihren jungen Hund zu übertragen. Hunde reagieren ähnlich wie kleine Kinder. Sie möchten geliebt, gut behandelt und umsorgt werden. Werden Sie ein guter Hundeführer, dann können Sie auch ein guter, verständnisvoller Elternteil sein.

Wie oft muss Ihr Hund am Tag Gassigehen?

Alter	täglich
bis 14 Wochen	etwa 10 mal
14 bis 22 Wochen	etwa 8 mal
22 bis 32 Wochen	etwa 6 mal
ausgewachsen	etwa 4 mal

Dies sind natürlich nur Richtwerte, jedoch sollten sie Ihrem Hund mindestens so häufig wie angegeben die Möglichkeit geben, sich zu erleichtern, und diese Werte keinesfalls unterschreiten.

Welpen sind soziale Tiere und müssen das Gefühl haben, von Anfang an dazuzugehören. Sie müssen die Möglichkeit haben, Ihre Stimme zu hören, Ihnen zuschauen und Ihre Nähe spüren zu dürfen. Das sind alles Dinge, die den Welpen in seiner Familienzugehörigkeit bestärken.
Ein geeigneter Platz für Ihren Hund ist vielleicht in der Nähe der beliebten Frühstücksecke oder in einem Raum, in dem sich auch die Familie tagsüber häufig aufhält. Optimal ist es, dem Welpen eine Ecke in Ihrem Haus als seinen eigenen Platz zuzuweisen. Dort kann sein halten. Der kleine Freund soll seinen Platz so im Haus bekommen, dass er alles mögliche um sich herum wahrnehmen und daran teilhaben kann. Er kann sich im Käfig aufhalten, dessen Tür selbstverständlich offen steht, oder im Körbchen. Natürlich hat er seine Kuscheldecke und sein Lieblingsspielzeug bei sich.
Klären Sie von vornherein ab, wo Sie den Platz für Ihren Welpen haben wollen und wo er sich aufhalten darf. Die beste Wahl ist ein Raum des Hauses, in dem die Familie zusammen kommt.

Erziehung zum Lösen im Freien sollte einen vorher bestimmten Bereich umfassen, in dem Ihr Hund sein Geschäft machen darf. Weisen Sie ihm einen Platz zu, sonst wird er sich seinen eigenen Platz im Garten suchen!

Der richtige Umgang

Ihr Hund wird alles für Sie tun, um Ihnen zu gefallen. Belohnen Sie ihn, wenn er ruhig ist oder auf seinem Platz liegt. So wird er sich zu einem wohlerzogenen Hund entwickeln. Wenn Sie ihn andererseits stets sehr aufgeregt begrüßen und ständig mit ihm ringen wollen, wird er dieses Szenario immer bei Ihnen veranstalten. Sie haben dann einen hyperaktiven Freund im Haus. Bedenken Sie dies im Umgang mit Ihrem Dalmatiner.

Hund ist nicht gleich Hund

Hunde unterscheiden sich voneinander ebenso wie Menschen. Eine bestimmte Erziehungsmethode muß also nicht bei jedem Hund den gleichen Erfolg zeigen. Denken Sie einfach nur nach. Sollte sich eine Trainingsmethode nicht bewähren, dann versuchen Sie es mit einer anderen.

Käfig oder Körbchen stehen und er kann von diesem Punkt aus alle Aktivitäten der Familie beobachten. Die Größe seines Käfigs oder Körbchens sollte sorgfältig ausgewählt werden und genügend Platz bieten, um ausgestreckt zu liegen. Hunde sind von Natur aus saubere Tiere und möchten ihr Revier sauber halten, sofern es ihnen möglich gemacht wird. Geben Sie Ihrem jungen Welpen kein Futter oder Wasser ins Körbchen. Durch Extrafutter wird seine Verdauung angeregt und er muss sein Geschäft irgendwann dringend erledigen. Besonders die Wasseraufnahme sollte von Ihnen kontrolliert werden, denn wenn Ihr Welpe viel trinkt, muss er sich auch häufiger lösen. So kann es passieren, dass dies an einem unerwünschten Platz erfolgt, weil er sich nicht anders zu helfen weiß. Ohne es zu wollen fördern Sie damit eine Erziehung zur Unsauberkeit. Immer, wenn Ihrem Welpen ein Missgeschick passiert, müssen auch Sie sich fragen, ob Sie nicht eindeutige Zeichen übersehen haben. Welpen zeigen Ihnen, dass sie sich lösen müssen, denn sie werden unruhig, drehen sich im Kreis und schnuppern aufgeregt umher. Auch die Fütterung sollte immer an einem bestimmten Platz zu vorgegebenen Zeiten erfolgen.

Kontrolle

Der junge Hund soll einen Lebensstil entwickeln, der in die menschliche Welt hineinpasst. Genauso wie wir es mit kleinen Babys machen, zeigen wir dem kleinen Hund, wie der Tagesablauf funktioniert. Der Welpe schläft im Käfig oder im Körbchen. Er muss lernen, seinen Platz auch dann nicht zu verlassen, wenn Herrchen und Frauchen frühstücken oder andere Aktivitäten im Haus stattfinden, an denen er nicht teilnehmen darf. Er soll sich auf seinen Platz zurückziehen, weil er dort vor allem sicher ist.Bleibt der Welpe allein zu Hause, schließen Sie die Käfigtür. (Voraussetzung hierfür ist selbstverständlich eine vorangegangene Käfiggewöhnung.) Haben Sie sich entschieden, dem Welpen sein Körbchen in einen Raum zu stellen, in dem er sich ansonsten frei bewegen kann, sollten Sie damit rechnen, dass er auch an Ihren Einrichtungsgegenständen kaut, sollte er sich langweilen. Welpen kauen und beißen in diesem Alter auf allem herum, was ihnen vor die Zähne kommt.

Erfolgreiches Training

Wenn Sie Ihren Hund erfolgreich trainieren wollen, müssen Sie sich selbst an die folgenden Regeln halten:

1. Entwickeln Sie ein Verständnis dafür, wie Ihr Hund denkt.
2. Machen Sie Ihren Hund nicht für eine mangelnde Kommunikation verantwortlich.
3. Lernen Sie die Persönlichkeit Ihres Hundes kennen und handeln Sie danach.
4. Zeigen Sie Geduld und seien Sie konsequent.

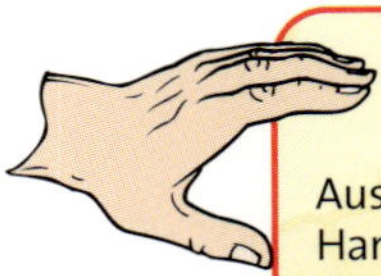

Ein Hund „denkt“ anders

Aus Sicht des Hundes ist die menschliche Hand vergleichbar mit dem Fang des Hundes. Zeitweilig dient sie auch zur Verteidigung. Auf ein zu festes Anpacken mit der Hand würde der Hund mit „Zurückschnappen” antworten. Obwohl dieses nicht als Aggressivität zu werten ist, muss man jegliches Beißen sofort untersagen. Auch Sie als Hundeführer müssen den Umgang mit Ihrem Vierbeiner und seinen Ausdrucksformen lernen.

Ohne den Unterschied zu kennen und ohne die Gefahr zu sehen, zerkauen sie Telefonschnüre, TV-Kabel, Schuhe etc. Die gefährlichen Folgen sind für den Welpen unvorstellbar.
Wenn Sie nach Hause kommen und der Welpe hat in der Zwischenzeit Teile vom Sofa oder von den Stühlen angeknabbert, dürfen Sie ihn dafür nicht disziplinieren. Wenn Sie jetzt mit ihm schimpfen, würde der Welpe dies mit Ihrem Nachhausekommen verbinden. Auf keinen Fall kann er sich mehr an das kaputte Sofa erinnern. Seine Reaktion erfolgt ausschließlich aufgrund Ihrer Stimmungslage! Er weiß nicht, was er falsch gemacht hat, und wird Ihre Wiederkehr als ein negatives Ereignis werten und im schlimmsten Fall auch künftig Ihrem Nachhausekommen unsicher gegenüberstehen.
Auch bei Feierlichkeiten in der Familie ist der Käfig eine gute Unterbringungsmöglichkeit. Der Welpe kann alles rundherum beobachten, ohne irgendwo zwischen die Füße der Gäste zu geraten. Über eine zu große Fütterung von Leckerbissen informiert man die Gäste vorher, damit dem Welpen nicht zuviel oder besser gar nichts gegeben wird.

Die „Goldene Regel“

Die goldene Regel der Hundeerziehung ist relativ einfach. Für jede „Frage” (Signal, Kommando oder Befehl), gibt es eine richtige Antwort (Reaktion). Ein Signal/ Befehl/ Kommando = eine Reaktion. Üben Sie die Kommandos, bis sie der Hund ohne Zögern korrekt befolgt. Wiederholen Sie die Übungen oft und seien Sie dabei nicht monoton. Hunde langweilen sich genau so schnell wie Menschen.

Ein Drahtkäfig kann sich zu einem der wichtigsten Hundeutensilien entwickeln. Diese kleinen Welpen genießen den Sonnenschein geborgen und sicher in ihrer luftdurchfluteten "Höhle".

Erziehungsplan

Lassen Sie den Welpen lernen, dass er während eines kleinen Spaziergangs sein Geschäft macht und nicht etwa spielen soll. Helfen Sie ihm dadurch, indem Sie ihn an feste Zeiten gewöhnen. Die Zeit auf seinem Platz soll für ihn Erholung und Schutz an einem ihm bekannten Aufenthaltsort bedeuten. Er soll lernen, sich selbst zu beschäftigen. Ermutigen Sie ihn dazu, während Sie mit anderen Dingen beschäftigt sind. Er muss begreifen, dass es angenehm ist, Ihnen nah zu sein, aber Ihr Hauptzweck im Leben nicht darin liegt, ihm ungeteilte Aufmerksamkeit zu schenken.

Entwicklungsstufen des Hundes

Es ist wichtig zu verstehen, in welcher Wachstumsphase sich Ihr Welpe in seiner Entwicklung zum erwachsenen Hund befindet. Sehen Sie sich die folgenden Stufen der einzelnen Entwicklungsphasen des Hundes gut an. Sie können nachvollziehen, welche Phase Ihr Dalmatiner-Welpe gerade durchläuft. In den nächsten Wochen und Monaten können Sie mit Hilfe dieser Kenntnisse gezielt auf die Erziehung Ihres Welpen eingehen.

Period e	Alter	Merkmale
Erster bis dritter Abschnitt	0 bis 7 Wochen	Ein Welpe benötigt Nahrung, Schlaf, Wärme und Streicheleinheiten. Die Mutterhündin sorgt für Sicherheit und Erziehung. Die Wurfgeschwister sorgen für Gesellschaft. Der Welpe lernt Rangordnung und Rudelverhalten. Dies ist die Phase der Sozialisierung mit Menschen. Der Welpe lernt seine Umgebung kennen.
Vierter Abschnitt	8 bis 12 Wochen	Das Gehirn ist nun vollständig entwickelt. Der Welpe benötigt Kontakt zur Außenwelt. Er geht eigene Wege ohne Mutter und Wurfgeschwister und sucht die Nähe zum Menschen. Die sogenannte „Angstphase" beginnt zwischen der 8. und 12. Lebenswoche. Vermeiden Sie Angst, Schmerz und Schrecken.
Fünfter Abschnitt	13 bis 16 Wochen	Nun sollten die Erziehung und normale Gehorsamsübungen beginnen. Viel Verbindung zu anderen Hunden und zu Menschen, Orten oder Situationen. Die Zeit vom Welpen bis zum Junghund vergeht schnell. Seien Sie stark, aber fair. Manchmal auffälliger Fluchtinstinkt. Zuviel Freizügigkeit und zu strenge Erziehung kann bleibenden seelischen Schaden hervorrufen. Loben Sie den Hund oft.
Sechster Abschnitt	4 bis 8 Monate	Zusätzliche „Furchtperiode" ungefähr zwischen dem siebten und achten Monat. Diese geht schnell vorüber, Vorsicht jedoch vor schreckhaften, Angst einflößenden Eindrücken. Beginn der sexuellen Reife. Dominanz wird gefestigt. Der Hund sollte einfache Kommandos wie: Sitz, Platz, Komm und Fuß befolgen.

Anmerkung: Dies ist nur ein ungefährer Zeitrahmen. Einzelne Unterschiede bei den Welpen sind zu berücksichtigen.

Dem Welpen muss frühzeitig ein Löseplatz gezeigt werden. Führen Sie ihn dorthin. Warten Sie fünf bis sechs Minuten und kehren dann zum Haus zurück. Für einen Welpen unter zehn Wochen ist es notwendig, ihn jede Stunde hinaus zu führen. Wenn der Welpe heranwächst, wird er in der Lage sein, auch einmal etwas längere Zeit zu warten. Gehen Sie mit ihm immer nur kurz hinaus. Führen Sie ihn draußen vor die Tür, sobald er Sie erkennen lässt, dass er sein Geschäft verrichten möchte. Hierbei sucht er, dreht sich im Kreis oder fiept. Dann muss es schnell gehen, ehe es zu spät ist und er sich auf dem Teppich löst.

Macht er während dieser Ausgehzeit sein Geschäft, loben Sie ihn großzügig und nehmen ihn sofort wieder mit ins Haus. Wenn er sich nicht lösen konnte, aber einen Unfall hatte, nachdem Sie wieder mit ihm ins Haus zurückgekehrt sind, heben Sie ihn sofort auf, sagen: „Nein, nein“, und kehren zu dem Platz zurück, an dem er sich lösen soll. Gut beigebracht, können Sie diese Prozedur zeitlich ausdehnen, denn der Welpe macht sich mit aufgeregtem Winseln bemerkbar. Hegen Sie keinerlei Groll, sollte es auch jetzt hin und wieder im Haus passieren. Bestrafen Sie den Welpen niemals, wenn er einen Unfall hatte und reiben Sie auch niemals sein Gesicht im Urin oder in seinen Exkrementen. Dies ist eine veraltete Erziehungsmaßnahme, die den Welpen die Situation nicht erkennen lässt und schlicht als Tierquälerei bezeichnet werden muss. Bringen Sie Ihrem Welpen bei, dass spielen im Haus erlaubt ist, lösen aber nicht. Der Welpe begreift sehr schnell, was Sie von ihm wollen, vorausgesetzt, Sie zeigen es verständig.

Ein stets gleiches Kommando macht dem Welpen klar, dass er in den Käfig oder in seinen Korb gehen soll. Anfänglich bleibt er normalerweise nicht sehr lange dort liegen, außer vielleicht nachts. Mit kleinen Leckerlies beschleunigen Sie den Erfolg dieser Übung. Nach einiger Zeit, Geduld und Ausdauer akzeptiert der Hund den Käfig oder das Körbchen als sein Reich und fühlt sich auch dort wohl.

Sie gewinnen schnell den Eindruck, er würde auch ein längeres Alleinsein ohne Probleme überstehen. Berufstätige Menschen lassen Ihren Hund dann viele Stunden alleine. Experten raten aber, den Hund niemals länger als vier Stunden alleine zu lassen. Dabei darf er niemals in seinem Käfig eingesperrt sein, denn sollte Ihnen etwas passieren, kann er sich nicht aus dem Käfig befreien und auf sich aufmerksam machen.

Erziehung zur Stubenreinheit

Seien Sie stets konsequent. Führen Sie Ihren Hund stets zum selben Ort, damit er sein „Geschäft“ erledigen kann; benutzen Sie immer dasselbe Kommando und führen Sie ihn an der Leine, wenn kein eingezäunter Garten zur Verfügung steht. Schon nach kurzer Zeit wird sich die Schließmuskulatur und der dazugehörige Verstand vollständig entwickelt haben und auch Ihr Dalmatiner ist stubenrein. Größere Hunderassen benötigen oft einen etwas längeren Zeitraum, um ausgewachsen zu sein. Dennoch sollten alle Welpen bis zu einem Alter von 6 Monaten alle grundlegenden Dinge gelernt haben.

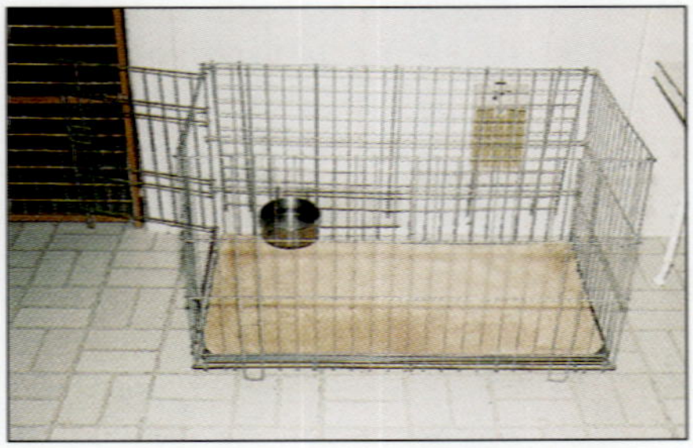

In einem richtig dimensionierten Faltkäfig fühlt sich Ihr Dalmatiner sicher und bequem. Wenn er erst einmal stubenrein ist, können Sie ihn auch einen Wassernapf hineinstellen. Ein Faltkäfig wird gerne als Rückzugsort angenommen.

Regeln der Erziehung - Lob und Tadel

Erziehungstraining bringt Ordnung ins Leben. Ohne Disziplin in der Gesellschaft regiert das Chaos und man verliert sich darin. Menschen und Hunde sind soziale Wesen. Sie benötigen eine gewisse Form von Ordnung und Disziplin, damit Ihr Leben in den richtigen Bahnen verläuft. Soziale Gemeinschaften teilen sich die Aufgaben des Lebens. Die einen müssen Haus und Familie beschützen, andere sorgen für den Nachwuchs, während wieder andere für die Nahrungsbeschaffung zuständig sind. Besteht keine Ordnung im Leben sozialer Tiere, würden sie verhungern, von stärkeren Tieren verdrängt oder aber gefressen werden. Heute sorgt der Mensch für fast alle Bedürfnisse seines Hundes. Er gibt ihm Schutz, Geborgenheit und Nahrung. Domestizierte Hunde brauchen dennoch Disziplin, damit sie verstehen, welchen Rang sie in ihrem Rudel haben. Das Rudel des Haushundes ist seine menschliche Familie. Viele Hundebesitzer wurden gefragt, wie sie mit ihren Hunden auskommen und zufrieden sind. 75 % davon haben ihren Hund erzogen und ausgebildet und führen mit ihm ein zufriedenes Leben. Die anderen 25 % haben oft Probleme, weil sie ihren Hund nie richtig erzogen haben. In Amerika vertritt Dr. Edward Thorndike, Psychologe und Verfasser von „Thorndikes Theorie vom Lernen“ die These vom anerzogenen Verhalten. Diese Theorie ist zum Teil Grundlage heutiger Trainingsmethoden. Gute und schlechte Erfahrungen des Hundes werden gezielt genutzt und mit Lob oder Tadel erwidert.

Man kann einen Hund durch Belohnung manipulieren, ein bestimmtes Verhalten zu zeigen. Aus der Erinnerung, dass dieses Verhalten eine genussvolle Belohnung für ihn nach sich zog, wird er sein Verhalten wahrscheinlich wiederholen. Gelegentliche Strafen für einen Verstoß sind zwar notwendig, aber Sie werden bemerken, dass Ihr Hund wesentlich seltener ungewünschte Verhaltensweisen zeigt, wenn er doch für gewünschte belohnt wird. Die beste Art einer Strafe basiert auf Außeneinwirkung. Nehmen wir folgendes Beispiel: Ein Kind wird aufgefordert, die Herdplatte nicht zu be-

Regelmäßigkeiten festigen das Lernen

Sie geben dem Hund einen Platz zum Schlafen und Ausruhen. Bieten Sie ihm außerdem Gelegenheiten, sich zu entlasten. Der Welpe lernt schnell die ihm zugewiesenen Plätze zu nutzen und weiß, dass er in die freie Natur gehen darf, wenn er urinieren muss oder sein „Häufchen” machen möchte. Dies verstärkt seinen angeborenen Wunsch, seinen Schlafplatz sauber zu halten. Regelmäßigkeiten helfen dem Körper eine Muskelkontrolle zu entwickeln, und die Lebensgewohnheiten pendeln sich ein.

rühren, weil sie heiß sein kann. Das Kind übertritt dieses Verbot und berührt die Herdplatte. Es kommt zu einer schmerzhaften Verbrennung. Von dieser Zeit an respektiert das Kind die Hitze des Herdes und vermeidet den Kontakt mit den Herdplatten. Ein Verhalten mit unangenehmen Folgen wird nicht wiederholt. Ein anderes Beispiel ist der Hund, der ständig versucht die Hauskatze zu jagen. Ihm wird befohlen, die Katze nicht zu ärgern, doch er widersetzt sich dieser Aufforderung und jagt die Katze weiterhin. Eines Tages dreht sich die Katze um und haut ihm ihre Krallen über die Nase. Die schmerzende Wunde führt dazu, dass der Hund aufhört die Katze zu jagen. Eine Strafe ist immer dann unangebracht, wenn der Hund die Strafe nicht in Zusammenhang mit seiner Tat sieht und somit nicht versteht, wofür er bestraft wurde. Wenn er nicht versteht, wofür er bestraft wurde, dann kann er das unerwünschte Verhalten auch nicht unterlassen. Auch wenn es manchmal schwer fallen kann, es hat dann keinen Sinn, Ihren Hund zu bestrafen. Die einzige Folge ist eine Verunsicherung Ihres Hundes, denn er kann sich nicht erklären, warum sein Herr so ungerecht zu ihm ist. Schlucken Sie in so einem Fall Ihren Ärger hinunter und warten Sie ab, bis Sie Ihren Hund einmal auf frischer Tat ertappen und ihm eindeutig zeigen können, welches Verhalten er unterlassen soll.

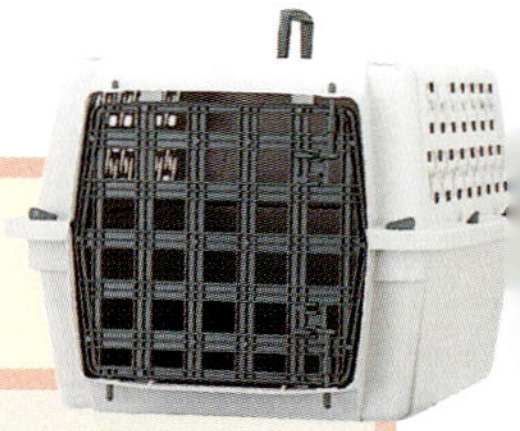

In sechs Schritten stubenrein

1. Sagen Sie „Geh in die Box" oder etwas Ähnliches zu Ihrem Welpen und setzen Sie ihn mit einem kleinen Häppchen in seine Box. Lassen Sie ihn dort für fünf Minuten, während Sie im selben Raum bleiben. Anschließend lassen Sie ihn heraus und loben ihn überschwänglich. Lassen Sie ihn jedoch nie heraus, während er winselt. Warten Sie in diesem Fall so lange, bis er ruhig ist und lassen ihn dann heraus.
2. Wiederholen Sie den ersten Schritt einige Male täglich.
3. Am nächsten Tag verfahren Sie genauso. Lassen Sie ihn jetzt aber zehn Minuten in der Box. Wiederholen Sie das einige Male.
4. Fahren Sie fort, die Zeit in Fünf-Minuten-Schritten so weit auszudehnen, bis der Welpe dreißig Minuten in seiner Box bleibt, während Sie im selben Zimmer sind. War er länger in der Box, sollten Sie ihn anschließend gleich nach draußen bringen, damit er sich lösen kann.
5. Gehen Sie zurück zu Schritt eins und lassen Sie den Hund fünf Minuten in der Box, während Sie das Zimmer verlassen.
6. Steigern Sie nun wieder wie oben beschrieben die Dauer in fünf-Minuten-Schritten, während Sie nicht im Zimmer sind. Bleibt der Welpe problemlos dreißig Minuten in seiner Box (vielleicht schläft er sogar ein!) ist er so weit, dass er, falls mal nötig, auch ein paar Stunden in seiner Box verbringen kann.

Trainingstipp

Durch die Ausbildung Ihres Hundes erhalten auch Sie neue Erkenntnisse. Hunde machen Dinge, um Aufmerksamkeit zu erlangen, und versuchen solange Ihre Aufmerksamkeit zu erlangen, bis sie damit erfolgreich sind.

Was Sie für das Training benötigen

Halsbänder und Leinen

Für einen Dalmatiner benutzt man ein einfaches Halsband und eine Leine. Das Halsband sollte gut passen, beim Training leicht zu benutzen und nicht zu schwer sein. Nylonhalsbänder sind sehr stabil und leicht. Sie sind sehr gut geeignet.

Leckerli als Belohnung

Sie sollten stets ein paar schmackhafte Leckerli dabei haben, achten Sie auch hier auf den Proteingehalt! Geben Sie die Leckerli vor allem bei neuen Übungen. Leckerli sollten sich vom normalen Futter unterscheiden und leicht zu kauen sein. Muss Ihr Dalmatiner seine Belohnung erst minutenlang kauen, vergisst er, wofür er sie bekommen hat. Mit Belohnungen unterstützen Sie Ihr verbales Lob und motivieren den Hund, Ihren Kommandos zu folgen. Eine Futterbelohnung lehrt den Hund entgegen anderslautenden Meinungen nicht, vom Tisch zu stehlen oder zu betteln. Dieses Verhalten wird er nur zeigen, wenn Sie ihn auch vom Tisch fressen lassen oder ihn vom Tisch füttern.

Ein Dalmatiner weiß sehr genau , wofür er eine Belohnung bekommt. Loben Sie ihn immer auch mit Worten, kleinen Streicheleinheiten und Spielchen, denn vielleicht vergessen Sie die Leckerli einmal!

Das „Sitz“-Kommando können Sie Ihrem Dalmatiner sehr einfach mit einem kleinen Leckerli beibringen, indem Sie es Ihrem Hund so präsentieren, dass er fast automatisch die richtige Position einnimmt.

Das Training beginnt

Zu Beginn der Trainingsstunde ist es wichtig, die Aufmerksamkeit des Hundes zu erlangen. Es ist schwierig, einem Hund etwas zu vermitteln, wenn sein Blick und

Achten Sie drauf!

Stehen Sie aufrecht und wirken autoritär, wenn Sie Ihrem Hund Kommandos geben. Geben Sie keine Befehle, solange Sie auf dem Fußboden oder dem Sofa liegen. Sie begeben sich dadurch auf eine andere Ebene in der Rangfolge! Das ist auch der Grund, weshalb Ihr Hund keinen erhöhten Platz auf einem Sofa oder Sessel haben sollte. Er erhöht damit auch seinen Rang.

sein Interesse auf andere Dinge gerichtet sind. Um also seine Aufmerksamkeit zu erhalten, sprechen Sie ihn an. Es ist hilfreich, ihn zu Beginn immer mit dem selben Wort auf sich aufmerksam zu machen. Dieser Startbefehl signalisiert dem Hund, dass nun das Training beginnt und er seinen Blick konzentriert auf Sie richten muss. Loben Sie Ihren Hund und unterstützen Sie sein Interesse. Halten Sie dabei ein Leckerli in der Hand und zeigen Sie ihm das Leckerli. Ihr Startbefehl in Zusammenhang mit dem zu erwartenden Leckerli zeigt dem Hund, dass er bei Aufmerksamkeit belohnt wird. Später ist ein Leckerli nicht mehr nötig. Das Startwort genügt, um seine Aufmerksamkeit zu erlangen. Der Hund bringt diesen Befehl mit einer bestimmten Situation in Zusammenhang. Er versteht nicht den direkten Sinn des Befehls, weiß aber, wenn dieses Wort fällt, was immer Sie sich als Startwort ausgedacht haben, dann beginnt das Training, es wird Aufmerksamkeit verlangt.

Spielerischer Ausgleich

Ihr Welpe sollte regelmäßige Spiel- und Auslaufzeiten durch Sie oder einem Familienmitglied erhalten. Für einen jungen Hund kann ein kleiner Spaziergang um das Haus vorerst ausreichend sein. Er spielt gern mit dem Ball, einem alten Socken oder einem Tau mit einem Knoten in der Mitte. (Beachten Sie, daß die Welpen noch im Zahnwechsel sind und lassen Sie diese Spiele nicht zu rauh werden.) Schränken Sie seine Spiele im Hause in Ihrem Wohnzimmer so lange ein, bis der Hund stubenrein ist.

Erziehung zur Stubenreinheit

Sie sollten Ihren Hund nicht über die ersten Eingewöhnungstage hinaus zu seinem Toilettenbereich tragen. Führen Sie ihn an einer Leine oder besser noch, ermutigen Sie ihn, Ihnen zu dieser Stelle zu folgen. Wenn Sie beginnen, ihn ständig an diese Stelle zu tragen, könnte es damit enden, daß er nicht mehr sein Geschäft machen will, ohne von Ihnen getragen zu werden. Das Resultat ist, dass Ihr Hund Sie ausgebildet hat.

Grundbefehle

„Sitz"

Sie haben nun die Aufmerksamkeit des Hundes erlangt, halten die Leine in Ihrer rechten und ein Leckerli in der linken Hand. Lassen Sie den Hund an dem Leckerli schnuppern, ohne es ihm zu geben. Fordern Sie ihn nun mit dem Wort „Sitz" auf, sich zu setzen. Sie lassen langsam die Hand mit dem Futter über seinen Kopf gleiten, so dass er seine Nase heben muss und der Kopf nach oben geht.

Dies bringt ihn in die Situation, dass er sein Gleichgewicht korrigieren und sich setzen muss. Sie können diesen Befehl allerdings auch verstärken, indem Sie ohne Leckerli ihre linke Hand auf seinem unteren Rücken ruhen lassen und ihn mit sanftem Druck nach unten drücken. Loben Sie ihn sofort mit „braver Hund, fein Sitz!". Seien Sie bei der Grundausbildung ein wenig enthusiastischer im Umgang mit Ihrer Stimme. Der Hund muss das Gefühl haben, etwas außergewöhnlich Gutes gemacht zu habe. Hierbei ist die Stimme ein wunderbares Hilfsmittel zur Unterstützung eines Befehls. Wiederholen Sie die Aufforderung „Sitz". Wenn der Hund sich

DerTrainingsplan

- Üben Sie täglich mit Ihrem Hund in mehreren kleinen Sequenzen. 3-5 mal pro Tag nur einige Minuten lang.

- Praktizieren Sie eine Übung nie zu lange, dem Hund wird langweilig und er wird unaufmerksam.

- Üben Sie nicht mit dem Hund, wenn Sie krank oder völlig unmotiviert sind. Ihre Stimmung überträgt sich auf Ihren Hund und der Erfolg läßt zu wünschen übrig.

- Gehen Sie positiv und mit Spaß an die Sache. Vergessen Sie niemals Lob und Leckerlies, es erfreut den Hund und Sie können den Erfolg genießen.

- Seien Sie fröhlich, machen Sie kurze Übungen und denken Sie stets positiv. Beenden Sie Ihre Übungen immer mit einem Erfolgserlebnis für den Hund.

Wie alle Hunde benötigen auch Dalmatiner eine intensive und konsequente Erziehung. Ständiger Blickkontakt zeigt Ihnen, wieviel Freude der Hund daran hat, seine Aufgaben ordentlich auszuführen.

gesetzt hat, erhält er auch das Leckerli. Es wird immer dann eingesetzt, wenn Sie Ihrem Hund etwas Neues beibringen. Hat Ihr Hund den speziellen Befehl gelernt, loben Sie weiterhin mit Ihrer Stimme und streicheln ihn mit der rechten Hand. Der Hund soll sich nicht ausschließlich an die Belohnung mit Leckerlies gewöhnen, wohl aber den Klang Ihrer Stimme als angenehm empfinden. Im übrigen haben Sie Ihre Stimme in jeder Situation zur Verfügung, aber nicht immer ein Leckerli dabei.

„Platz"

Die Platz-Übung ist einfach, wenn Sie verstehen, wie der Hund diese Übung empfindet. Falsch angewendet, kann Sie bei dem Hund große Gegenwehr auslösen, so dass er sich bei der Aufforderung „Platz" versucht aus der Situation zu retten.

Lassen Sie Ihren Hund ganz nah an Ihrem linken Fuß sitzen. Er blickt in die selbe Richtung wie Sie. Halten Sie die Leine wieder in der linken und Leckerlies in der rechten Hand. Nun positionieren Sie Ihre Hand langsam in Höhe des Schulterblattes. Lassen Sie die Hand ohne Druck auszuüben einfach ruhig dort liegen. Mit der anderen Hand halten Sie den Hund ganz dicht an Ihrem

Wie funktioniert die Kommunikation?

Hunde verstehen nicht den Inhalt der Menschensprache. Man kann sie aber dazu erziehen, auf gewisse Worte oder auf bestimmte Lautstärke zu reagieren. Sagen Sie mit einer sehr sanften Stimme zu Ihrem Hund: "Nein, Chico", so hat dies nicht die gleiche Bedeutung für ihn, als wenn sie es mit einer betonten oder lauten Stimme sagen. Sie sollten Ihren Hund niemals mit seinen Namen ansprechen, während Sie ihn tadeln. Ein "Nein!" genügt. Da Hunde nicht die richtige Bedeutung der Worte kennen, könnte die Verbindung mit seinem Namen das Gegenteil in seiner Erziehung bewirken, als Sie eigentlich erreichen möchten.

Neben den „Hörzeichen" können Sie auch "Sichtzeichen" benutzen, um die Aufmerksamkeit Ihres Hundes zu erlangen. Der Hund kann diese Signale sehr gut unterscheiden.

linken Fuß, so dass er keine Möglichkeit hat, Ihnen auszuweichen. Nun lassen Sie die Hand zu seiner Nase wandern und sagen sehr sanft, fast flüsternd: „Platz". Die Hand gleitet zwischen die Vorderpfoten des Hundes. Wenn sie den Boden berührt, lassen Sie sie langsam vor dem Hund auf den Boden nach vorn gleiten. Sprechen Sie weiterhin sanft mit dem Hund, um seine Aufmerksamkeit aufrecht zu halten. Der leise Ton Ihrer Stimme animiert den Hund, Ihrer Hand mit dem Leckerli zu folgen, in der Erwartung, das Futter zu erhalten.

Wenn die Ellenbogen des Hund den Boden erreichen, geben Sie das Futter frei und loben ihn leise. Versuchen Sie den Hund in dieser Position ein paar Sekunden verharren zu lassen. Der Sinn ist, dass der Hund es als angenehm empfindet und nicht als unterordnende Bestrafung, wenn er die Platz-Position einnimmt.

„Bleib"

Es ist eigentlich ganz leicht, den Hund in der Sitz- oder Platz-Position zu halten. Wieder benutzen Sie als Belohnung ein Leckerli und den sanften Ton Ihrer Stimme, um den Hund darin zu unterstützen. Er soll begreifen, was Sie von ihm erwarten. Der Hund lernt die Warteposition aus der Sitz-Haltung heraus. Dazu lassen Sie ihn an Ihrer linken Seite sitzen. Halten Sie die Leine in Ihrer linken Hand und die Belohnung in Ihrer rechten. Halten Sie die Hand mit dem Futter vor die Nase des Hundes und geben das Kommando „Bleib!". Dabei drehen Sie sich vom Hund weg, um ihm unmittelbar gegenüber zu stehen. Wenn Sie direkt vor dem Hund stehen, kann er das Leckerli „belecken". Versichern Sie sich, dass er den Kopf oben lässt und die Sitz-Position hält. Zählen Sie bis fünf und nehmen Ihren ursprüngliche Platz neben dem Hund wieder ein. Sobald Sie wieder neben Ihrem Hund stehen, geben Sie ihm das

Erziehung zahlt sich aus

Sie haben einen gesunden Welpen aus einem gut geprägten Wurf ausgewählt. Wenn Sie Ihm genügend Zeit, Aufmerksamkeit und geduldige Erziehung zukommen lassen, werden Sie ein Hundeleben lang einen dankbaren Freund erhalten. Ein Hund ist immer bestrebt, Ihnen zu gefallen, und lernt schnell Ihren Befehlen freudig zu gehorchen. Dies sollten Sie sich in seiner Grunderziehung zunutze machen. Ein gut erzogener Hund verschafft Ihnen ein angenehmes Zusammenleben.

Unterordnung zum richtigen Zeitpunkt

„Down" oder „Platz" sind besonders starke Unterordnungspositionen. Fühlt sich der Hund in einer bedrohlichen Situation, wird er nicht die Platz-Position einnehmen und sich hinlegen, weil ihm sein Instinkt sagt, wann er weglaufen oder sich im Kampf mit seinem Gegenüber auseinandersetzen muß. Deshalb ist es wichtig diese Übungen in Ruhe und mit viel Geduld zu trainieren.

Der Gebrauch eines Leckerlies macht selbst die Platz-Übung zu einem Erfolgserlebnis.

Leckerli und loben ihn ausgiebig. Ebenso gehen Sie vor, wenn sich Ihr Dalmatiner in der Platz-Position befindet.
Sowie Ihr Hund die gewünschten Stellung eingenommen hat, sagen Sie ihm: „Bleib!" und verharren einige Sekunden vor dem Hund. Nach Einnehmen der ursprünglichen Stellung loben Sie den Hund und geben ihm das Leckerli. Wiederholen Sie diese Übungen und denken Sie immer an ein Lob!
Nach ein bis zwei Wochen beginnen Sie, die Zeit schrittweise zu verlängern. Nutzen Sie die linke Hand für ein Sichtzeichen. Die hochgehaltene, offene Hand signalisiert dem Hund „Halt, hier muss ich in meiner Position verharren!" Halten Sie das Futter wie gewohnt in der rechten Hand, ohne dass diesmal die Hand die Nase des Hundes berührt. Er wird der Futterhand mit dem Blick folgen und schnell lernen, dass er das Futter erhält, sobald Sie wieder Ihre Position an seiner Seite eingenommen hat. Er wird brav auf Sie warten!
Wenn Sie in einem Meter Abstand dreißig Sekunden lang vor Ihrem Hund verharren können, ist die Zeit reif, die Distanz schrittweise zu vergrößern. Es wird vorkommen, dass der Hund bereits vor Ihrer Rückkehr die Ausgangsposition, seine Bleib-Stellung, verlässt. Kehren Sie zu ihm zurück, korrigieren Sie ihn und wiederholen Sie die Übung. Vergessen Sie dabei niemals ihn zu loben!

„Komm"

Wenn der Hund die Komm-Aufforderung als angenehme Erfahrung begreifen soll, müssen Sie darauf achten, dass Ihr Schüler an dieser Übung Spaß hat und zu Ihnen zurückkehrt, sobald er

Wussten Sie schon?

Trainieren Sie ihren Dalmatiner niemals, wenn Sie sich in einer schlechten Stimmung befinden. Hunde reagieren sehr sensibel auf Ihre Gefühlslage, besonders wenn Sie gereizt sind und sich über etwas geärgert haben. Ihr Hund spürt, wenn Sie verärgert oder durcheinander sind, und verbindet Ihren Ärger mit seinen Ausbildungssitzungen. Dies führt seinerseits zu Furcht und Ablehnung des Trainings.

Nachdem Ihr Hund die Sitz-Position sicher gelernt hat, können Sie mit ihm das „Bleib“ aus der Sitz-Stellung heraus trainieren.

Hat Ihr Hund die „Platz“-Übung perfekt verstanden, ist es leicht, auch aus dieser Stellung heraus das „Bleib“ zu üben.

gerufen wird. Manchmal scheint das Geheimnis darin zu liegen, niemals das Wort „Komm!“ auszusprechen. Gerade in dem Moment, wenn der Besitzer seinen Hund an seiner Seite haben möchte, ist er oft aufgeregt oder ängstlich und bringt seine negative Stimmung durch den Klang seiner Stimme zum Ausdruck. Wenn der Hund nun die Stimme des Besitzers vernimmt und dies merkt, wird er zum genauen Gegenteil verleitet. Er ist sich nicht sicher, was ihn bei dem momentanen Tonfall erwartet! Lehren Sie dem Hund die Komm-Aufforderung als ein Spiel anzusehen. Dies ist praktisch eine Übung, in der man keine Fehler machen kann.

Integrieren Sie Ihre Familie in dieses Spiel. Jeder bekommt ein Leckerli in die Hand und jeder entfernt sich in eine andere Richtung in verschiedene Räume des Hauses. Legen Sie fest, wer den Hund rufen soll. Jede vom Hund gefundene Person soll nun den Hund über alle

Grundausbildung – weiterführende Ausbildung

Viele Besitzer nehmen die Gelegenheit wahr, mit ihrem Hund an einer Grundausbildung in einem Hundeklub teilzunehmen und sind sehr erfolgreich. Ein höherer Ausbildungsgrad erfordert jedoch fast immer weitreichendere Ausbildung unter Anleitung von erfahrenen Ausbildern. Außerdem erfordern die schwierigeren Ebenen eine spezialisiertere Ausrüstung. Einen Hund für Agility auszubilden ist nicht nur für den Hund eine gute Sache, es läßt Hund und Halter eng zusammenarbeiten und bringt als Ergebnis neben einem wohlerzogenen Hund auch eine verläßliche Bindung zum Partner hervor.

Bei allen Übungen ist der Blickkontakt zwischen Ihnen und Ihrem Hund von großer Bedeutung.

Maßen loben und ihm als Belohnung das Leckerli geben. Die Spielregeln sind einfach: Wenn eine Person den Hund ruft, fordert er den Hund damit auf, ihn zu finden. Als Gewinn winkt ein Leckerli für den Hund. Ein paarmal gespielt, lernt der Hund schnell die Personen zu finden. Da er immer eine Belohnung bekommt, wird er dieses Spiel lieben. Allein das Wort „Komm!“ wird ihn stets an den Zusammenhang mit dem Spiel erinnern. Er wird aus jeder Situation heraus fröhlich zu Ihnen laufen. Dies ist eines der wichtigsten Kommandos, die Ihr Hund lernen muss. Wenn Sie Ihren Hund einmal in einer Gefahrensituation zu sich rufen müssen, lassen Sie es wie ein Spiel erscheinen. Der Hund könnte sonst durch Ihre Aufgeregtheit verunsichert werden.

Die klare Sprache

Beim Herbeirufen des Hundes verwenden Sie nicht unbedingt Worte wie „Komm!“ oder „Komm her!“. Rufen Sie lieber „Basco (oder wie auch immer Ihr Hund heißt), wo bist Du denn? Such mich doch! Ich hab' was Feines für Dich!“ Halten Sie beim Rufen einen konstanten Ton in Ihrer Stimme aufrecht. Versuchen Sie dabei Ihren Hund zu schmeicheln. Der Hund lernt dem Klang Ihrer Stimme zu folgen, um Sie ausfindig zu machen und seine Belohnung zu erhalten.

Der Spiegel des Herrn

Wenn Sie weitere Haustiere haben und/ oder oft mit den Haustieren von Freunden oder anderen Familienmitglieder umgehen, sollten Sie bedenken, daß Ihr Hund Sie dabei beobachtet. Ihr Welpe wird auf jene Haustiere in derselben Art reagieren wie Sie. Dies bedeutet, wenn Sie Furcht oder Groll empfinden, wird sich auch Ihr Welpe ängstlich oder unfreundlich gegenüber diesem Tier verhalten.

„Bei Fuß“

Bei Fuß-gehen bedeutet, dass der Hund neben Ihnen läuft, ohne an der Leine zu zerren. Um hier erfolgreich zu sein, dauert es einige Zeit und erfordert die Geduld des Besitzers. Geben Sie dem Hund zu verstehen, dass Sie nicht weitergehen werden, bevor er locker neben Ihnen herläuft. An der Leine zerren wird nicht toleriert.

Beginnen Sie damit, die Leine in Ihre linke Hand zu nehmen und den Hund an Ihrer linken Seite sitzen zu lassen. Sie halten dann das Ende der Leine in Ihrer rechten Hand und führen den Hund mit der linken Hand dicht am Körper. Sagen Sie „Fuß!“ und gehen mit dem linken Fuß vorwärts. Halten Sie den Hund nah bei sich und gehen drei Schritte. Dann stoppen Sie und lassen den Hund sitzen. Dies ist die Ausgangsposition für „Bei Fuß!“-Übungen. Loben Sie Ihren Hund, aber berühren Sie ihn nicht. Warten Sie einen kurzen Moment und beginnen die Übung erneut. „Fuß!“ zeigt dem Hund an, dass es losgeht. Gehen Sie drei Schritte vorwärts und halten Sie wieder an. Hier lassen Sie den Hund erneut sitzen. Der Vorteil ist, dass der Hund bei diesen drei kleinen Schritten nicht an der Leine ziehen wird. Wenn er also ruhig mit Ihnen geht, erhöhen Sie die Schrittzahl auf fünf, auf zehn und so weiter. Die Wegstrecke wird immer dann verlängert, wenn der Hund ruhig und mit durchhängender Leine „Bei Fuß“ gegangen ist. Wenn Sie die Übung beenden, teilen Sie dem Hund dies mit, indem Sie ihn loben „gut gemacht, feiner Hund!“. Er wird das Lob als Abschluss der Übung empfinden und weiß, dass das Training vorüber ist und er sich nun entspannen kann. Sollte Ihr Hund mit dem Zerren fortfahren, unterbrechen Sie Ihre Schrittfolge. Stoppen Sie, bis der Hund sich wieder in einer ruhigen Position befindet, um die Übung nochmals zu wiederholen. Der Hund muss verstehen, dass Ihr Spaziergang genau in dem Moment endet, in dem er beginnt an der Leine zu zerren und dass es dann nirgendwo mehr

Fangspiele haben den Nebeneffekt, daß der Hund hier ganz nebenbei das „Komm“-Kommando lernt, wenn Sie ihn bei seiner Rückkehr mit diesem Signalwort freundlich herbeirufen.

hin geht! Verharren Sie einige Zeit in Ihrer Position und beginnen die Übung von neuem. Immer wenn der Hund zu Ihnen aufschaut oder die Leine locker durchhängt, sprechen Sie leise mit ihm und wiederholen das Lob „guter Hund,

Für den täglichen und entspannten Umgang mit Ihrem Hund ist das Kommando „Bei Fuß“ ausgesprochen wichtig. Da Sie sicher nicht möchten, daß Ihr Dalmatiner Sie mit seiner Leine umwickelt oder ständig vorprescht und Sie hinter sich herzieht, sollten Sie auf die korrekte Ausführung dieser Übung ganz besonderen Wert legen.

fein bei Fuß!“ Der Hund wird schnell lernen und innerhalb kurzer Zeit hat er verstanden, was Sie von ihm verlangen. Er wird ohne an der Leine zu zerren mit Ihnen spazierengehen.
Als positiver Abschluss dieser Übung sollte ein ausgiebiger Spaziergang folgen. Vergessen Sie beim Training niemals, dem Hund genügend Zeit zum ausgiebigen Rennen und Spielen zu verschaffen, damit der Tagesablauf nicht ausschließlich durch die Übungen bestimmt wird.

Abgewöhnung des Futtertrainings

Belohnung mit Futter ist solange eine gute Trainingsmöglichkeit, bis der Hund die Kommandos verstanden hat. Nun wird es Zeit, die ausschließliche Belohnung durch Leckerlies zu reduzieren und letztlich wieder abzugewöhnen. Zuerst gibt man eine Belohnung nach jeder ausgeführten Übung. Dann beginnt man, dies auf die abgeschlossenen Übungen zu reduzieren. Wechseln Sie die Zeiten, in denen Sie Leckerlies geben oder nur mit einem Lob abschließen. Ein verbales Lob soll grundsätzlich gegeben werden. Der Hund darf nicht vorher erkennen, zu welchen Übungen er ein Leckerli bekommt. So wird er immer versuchen, die Übung korrekt auszuführen, da er ja nicht voraussehen kann, wann er sein Leckerli erhält. Schließlich

Sobald Sie bei Ihrem Spaziergang innehalten, sollte der Hund sich ohne besondere Aufforderung in die Sitz-Position an Ihre linke Seite begeben.

Das Kommando haben Sie!

Wenn Sie Ihren Hund führen und er plötzlich innehält und Sie starr anblickt, sollten Sie dies einfach ignorieren. Nehmen Sie die Leine und führen ihn fest in die von Ihnen bestimmte Richtung.

reduzieren Sie die Belohnung mit Leckerlies ganz und loben den Hund nur noch mit Worten.

Gehorsamstraining und Grundausbildung

Wie bereits besprochen, ist es eine gute Idee, den Hund in einer Hundeschule anzumelden. In vielen Regionen gibt es Hundeklubs, die Gehorsamstraining und Welpenspieltage durchführen. Trainer bieten entsprechende Kurse und Einzelstunden an. In der Grundausbildung gibt es die Möglichkeit, einen Kurs mit einer Begleithundprüfung abzuschließen. Die Anfängerkurse beinhalten Grundübungen wie „Sitz", „Platz", „Fuß" uns so weiter. Weiterführende Kurse beinhalten Springen, Fährtensuche oder Sichtbefehle. Fortgeschrittenen Kurse fordern vom Besitzer einen sehr großen Zeitaufwand und erheblichen Trainingseinsatz und sollten den Fähigkeiten der Rasse entsprechen.

Andere Aktivitäten

Hat Ihr Hund erst einmal seinen Grundgehorsam erlernt, gibt es eine Vielzahl weiterer Möglichkeiten, um ihn sinnvoll und rassegerecht zu beschäftigen. Viele Aktivitäten machen beiden Seiten Spaß und bringen sowohl dem Hund, als auch dem Besitzer eine große Befriedigung. Ein ausgelasteter Dalmatiner ist ein zuverlässiger Familienhund und Freund. Durch vielfältige Aufgaben ist er stets gefordert und erhält die Möglichkeit, sich durch Bewegung gesund zu halten. Das Zusammenleben mit Ihrem Hund wird durch gemeinsame Aktivitäten und die Beanspruchung Ihres Hundes einfacher.

Man kann mit einem Dalmatiner hervorragend Wanderungen unternehmen. Dies ist eine aktive und gesunde

Lernen Sie intensiv mit Ihrem Hund die „Bei Fuß"-Übung. Bringen Sie ihm bei, neben Ihnen mit durchhängender Leine zu gehen und mit Ihnen Schritt zu halten, ohne zu ziehen. Nicht nur Ausstellungshunde sollten diese Übung perfekt beherrschen.

Entspannt „Bei Fuß"-gehen

Wenn Sie zu Beginn des Bei Fuß-Trainings lange Spaziergänge mit strammer Leine durch Ihren Hund dulden, wird er die Übung falsch verstehen und es dauert entsprechend länger, bis Sie mit einem entspannten Hund an durchhängender Leine spazieren gehen können.

Gehorsamsübungen in sicherer Umgebung

Das Kommando „Fuß" üben Sie mit Ihren Hund am besten in einem umzäunten Teil des Gartens. Sobald Sie sicher sind, daß Ihr Hund zuverlässig gehorcht, versuchen Sie fortgeschrittene Gehorsamsübungen ohne Leine. In der Umzäunung kann er nicht so schnell weglaufen.

Aufgabe, die er ohne große Hilfe lernen kann. Ausgiebige Spaziergänge, Klettertouren und auch das Begleiten am Pferd fördern die Gesunderhaltung und entwickeln beim Hund und seinem Besitzer ein wunderbares Zusammengehörigkeitsgefühl.

Was Sie über einen tauben Dalmatiner wissen sollten

Trotz aller Ratschläge bei der Anschaffung eines Hundes kommt es vor, dass ein Besitzer feststellt: Sein Dalmatiner ist nicht einfach nur schwer erziehbar, sondern er ist taub. Taubheit ist kein ausschließliches Dalmatinerproblem, sondern betrifft mehr als siebzig weitere Hunderassen, deren Fell- und Hautfarbe auf Weißhaarigkeit basiert. Dies betrifft auch nicht nur Hunde. Beim Dalmatiner wird die Taubheit schon sehr lange erforscht. Bislang konnte das Taubheits-Gen trotz vieler Jahre wissenschaftlicher Forschungen noch nicht isoliert, also herausgefunden werden. Genetik ist eben ein besonderes Feld in der Entstehungsgeschichte aller Lebewesen.

Einen tauben Dalmatiner zu erziehen ist keine leichte Angelegenheit und erfordert höchstes Vertrauen zwischen Besitzer und Hund. Trotzdem ist die Erziehung eines tauben Dalmatiners sehr wohl durchführbar. Das Training basiert weitgehend auf Zeichensprache und einer ganz besonderen Motivation durch Berührung und Kontaktaufnahme. Ein tauber Hund ist durchaus in der Lage, eine Vielzahl von Zeichen zu erlernen. Die Schwierigkeit bei der Erziehung eines tauben Hundes liegt darin, seine Aufmerksamkeit zu erlangen, da man ihn ja nicht über die Sprache oder Stimmlage erreichen kann. Dies ist besonders im familiären Zusammenleben zu berücksichtigen. Ein plötzlich im Schlaf gestörter Hund kann leicht einmal aggressiv reagieren. Er konnte ja nicht hören, dass dort hinter ihm ein Kind ins Zimmer gestürmt kam – er wurde nur durch das unsanfte Anrempeln seines Hundekorbs erschreckt. Ein tauber Hund ist weitgehend zu einem Leben an der Leine verurteilt. Für einen Laufhund wie den Dalmatiner ist dies eine enorme Einschränkung seiner Lebensqualität. Aber ein tauber Hund, der ohne Leine frei läuft und keinen Sichtkontakt zu seinem Besitzer hat, ist auch nicht mehr abrufbar und dadurch auch eine Gefahr für sich selbst und andere.

Sie können sich gar nicht vorstellen, was Ihr Dalmatiner alles versuchen wird, um Ihnen zu gefallen!

Grundausbildungskurse

Ein Grundgehorsamskurs dauert normalerweise sechs bis acht Wochen. Hund und Halter besuchen einmal in der Woche eine Stunde lang eine Hundeschule. Zu Hause werden diese Übungen dann für einige Minuten mehrmals täglich wiederholt. Hat man intensiv trainiert und alles richtig gemacht, erhält man als Ergebnis einen wohlerzogenen Hund. Sie freuen sich, entspannt mit Ihrem Dalmatiner zusammenzuleben. Der Hund wird stets darauf bedacht sein, seinem Herrn zu gefallen.

Verfolgt er beispielsweise einen Hasen und läuft in Richtung Straße, kann dies verheerende Folgen nach sich ziehen. Ein durch einen tauben Hund verursachter Unfall ist an sich schon schrecklich genug. Kommen dann auch noch Personen zu Schaden - nicht auszudenken. Hinzu kommt die Tatsache, dass eine Schadensregulierung durch die Versicherung im Ernstfall strittig ist, da die Möglichkeit einer Einflussnahme auf den tauben Hund schwer nachzuweisen ist. Dies zwingt die Züchter ebenfalls zu einer besonderen Sorgfalt und Verantwortungspflicht.

Mitleid ist keine Basis für die Haltung eines tauben Dalmatiners. Wer bewusst einen tauben Dalmatiner halten möchte, sollte sich vollständig über alle Konsequenz, Schwierigkeiten und die Verantwortung im klaren sein, die mit dieser Anschaffung im Zusammenhang stehen. Schließlich ist dies eine Entscheidung für ein ganzes Hundeleben! Verzweifelte Anrufe bei den Vertretern von Rassehundeklubs zeigen, dass ein tauber Hund allzu oft zu einem traurigen Leben verdammt ist. Selbst wenn der Besitzer den Grund der schwierigen Erziehbarkeit erkennt, heißt dies nicht, dass er in der Lage ist, den Hund auch unter den erschwerten Bedingungen artgerecht zu erziehen und zu halten. Die Erfahrung hat gezeigt, dass die meisten Besitzer sich wieder von den Hunden trennen und diese dann ihr Schicksal im Tierheim besiegelt sehen. Selbst auf Autobahn-Parkplätzen und in Müllcontainern hat man schon Hunde gefunden. Ausgesetzte Tiere können selten weiter vermittelt werden. Durch ihre Lebensgeschichte haben sie ohnehin bereits schlechte Erfahrungen gesammelt, die für einen tauben Hund wesentlich schwieriger aufzufangen sind, als es bereits bei einem hörenden Hund der Fall ist. Ein Hund, der seinen Besitzer wechselt, aus welchem Grund auch immer, benötigt eine sehr lange Zeit, um neues Vertrauen in den Menschen zu gewinnen. Nur ganz wenige haben das Glück, in eine gute Familie zu kommen, führen ein zufriedenes Leben und bringen ihren Besitzern all die Freude und Dankbarkeit, die auch ein tauber Dalmatiner vermitteln kann.

Übung macht den Meister

Erfolg, der durch Glück zustande kommt, ist normalerweise Zufall und häufig kurzlebig. Erfolg, der aus einer wohldurchdachten, bewährten Methode kommt, ist oft mehr, weil leichter zu erreichen und von längerer Dauer. Dies ist die „Erfolgsmethode“. Sie ist dafür gedacht, um Ihnen als Welpenbesitzer zu helfen, dem jungen Hund in seiner Entwicklung zu unterstützen und ihm in seiner neuen Umgebung das Gefühl von Sicherheit zu geben.

Gesundheitsvorsorge für Ihren Dalmatiner

Als Säugetiere haben Hunde oft die gleichen Krankheiten wie Menschen. Ebenso teilen sie viele psychische Probleme. Weil man die humanen Krankheiten intensiver als die kynologischen erforscht hat, gibt dieses Kapitel Auskunft in einer vertrauten Wortwahl, die nicht notwendigerweise in jeder Tierarztpraxis benutzt wird. So verwenden wir beispielsweise das Wort „Symptom", obwohl wir wissen, dass Hunde keine Symptome zeigen, sondern einen klinischen Befund aufweisen. Symptom ist die wörtliche Umschreibung des allgemeinen Befindens eines Patienten. Da Hunde aber nicht sprechen können, müssen wir die klinischen Anzeichen herausfinden. In diesem Buch benutzen wir dennoch das Wort Symptom, um seinen Zustand zu beschreiben.

Als generelle Regel ist zu beachten, dass Medizin praktiziert wird. Dieses Wort ist nicht willkürlich gewählt. Medizin ist ein konstantes Hinzulernen und Erweitern von Kenntnissen, da wir ständig mit neuen Forschungsergebnissen konfrontiert werden. Wir erfahren ständig mehr über die Genetik, elektronische Hilfsmittel werden verbessert und in vielen Gebieten gibt es neue Erkenntnisse. Es gibt Hundekrankheiten wie beispielsweise die HD, die nicht generell überall gleich behandelt werden. Manche Tierärzte raten viel früher zu einer Operation als andere.

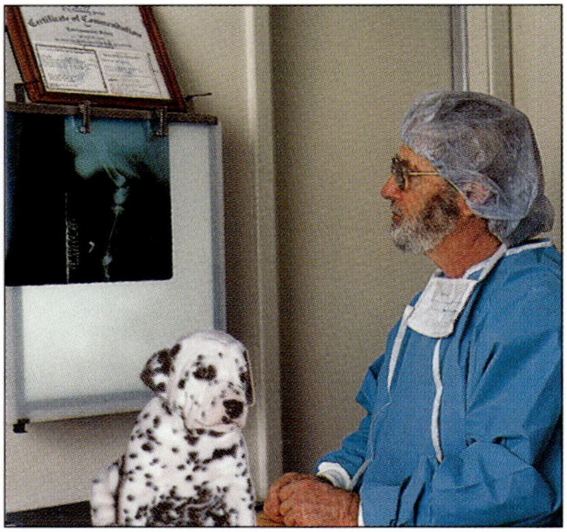

Vor dem Kauf Ihres Dalmatiners, sollten Sie sich möglichst in Ihrer Nähe einen zuverlässigen Tierarzt suchen. Erkundigen Sie sich über Sprechstundenzeiten, Notfalleinsatz, welche Erfahrung er besitzt, ob er ein besonderes Fachgebiet hat, über Gebühren, aber auch über Operationsmöglichkeiten.

Wahl eines guten Tierarztes

Die Wahl eines Tierarztes sollte nicht ausschließlich auf persönliche Sympathie beruhen. Berücksichtigen Sie, dass der Tierarzt in Ihrer Nähe wohnt, falls Sie einen Notfall haben oder regelmäßige Besuche machen müssen. Wählen Sie einen Tierarzt, der in seiner Praxis ggf. auch die Möglichkeit zur Unterbringung Ihres Hundes hat. Hier bietet sich ebenfalls eine Tierklinik an. Sie hat Behandlungsräume, in denen auch komplizierte Fälle behandelt werden können. Tierkliniken genießen generell ein gutes Ansehen und haben ein verantwortungsbewusstes Fachpersonal. Es gibt nichts Ärgerlicheres, als einen Tag und länger auf eine Antwort zu einem ärztlichen Befund zu warten.

Führen Sie mit Ihren Tierarzt ein Vorgespräch. Vergewissern Sie sich, dass er umfassende Erfahrungen und Kenntnisse über die gesundheitlichen Besonderheiten von Hunden hat. Auch wenn die meisten Dalmatiner ein Leben lang gesund bleiben, ist es dennoch wichtig zu wissen, dass im Falle einer Notwendigkeit auch Hilfe zur Verfügung steht.

Viele Tierärzte haben sich auf den verschiedensten Gebieten spezialisiert. Es gibt Herzspezialisten (vet. Kardiologen), Hautspezialisten (vet. Dermatologen), Zahn- und Kieferspezialisten (vet. Dentisten), Augenspezialisten (vet. Ophthalmologen), Röntgenfachärzte (vet. Radiologen) und Chirurgen, die sich auf Knochen, Muskeln und andere Organe spezialisiert haben. Viele Tierärzte nehmen Routineoperationen, wie Kastrationen, medizinisch notwendiges Kupieren und Nähen von Wunden, selbst vor. Bei einem ernsten Problem Ihres Hundes ist die Einholung einer weiteren fachärztlichen Meinung nicht unüblich. Vergleichen Sie die Kosten der verschiedenen Tierärzten. Ernsthafte Gesundheitsvor- und -nachsorge und tierärztlicher Service können sehr kostspielig werden. Zögern Sie nicht, die Kostenfrage mit dem Tierarzt oder einem seiner Mitarbeiter zu diskutieren. Es ist nicht unüblich, wenn bei wichtigen Entscheidungen auch die finanziellen Aspekte einfließen.

Vorbeugende Maßnahmen

Vorsorgemaßnahmen sind im Vergleich zu Krankheiten, die zu spät erkannt werden, einfacher durchzuführen, kostengünstiger und effektiver.

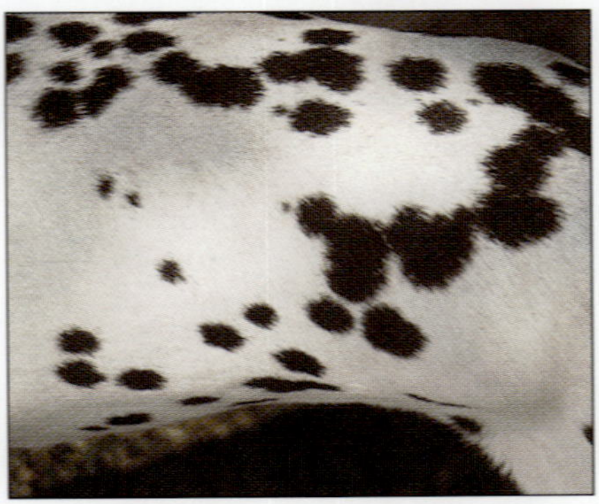

Früherkennung hilft heilen

Jeder Hund kann mit Dysplasie-Problemen geboren werden. Ihr Tierarzt kann eine Dysplasie der Hüften ab einem Alter von einem Jahr durch eine Röntgenaufnahme diagnostizieren. Wenn eine vorhandene Dysplasie früh genug erkannt wird, kann sie häufig korrigiert werden.

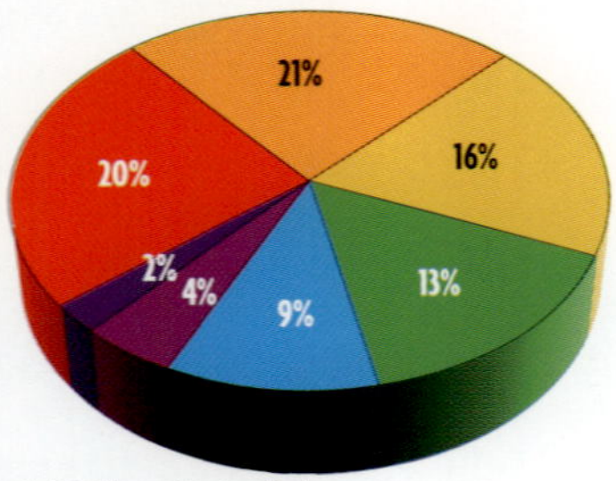

Statistik über das Einkommen amerikanischer Tierärzte entsprechend der geleisteten Dienstleistungen. Dieses Umfrage wurde in Kleintierpraxen (Haustiere) durchgeführt.

Ein Züchter sollte bei einem zu erwartenden Wurf nicht nur die Gesundheit der Elterntiere berücksichtigen, sondern seine Auswahl auch nach genetischen Kriterien treffen. Beide Elterntiere sollten auf beidseitige Hörfähigkeit getestet sein. Die Hündin sollte regelmäßig geimpft und frei von Ektoparasiten sein, sowie sich in einem vorzüglichen Ernährungszustand befinden.

Durch die Mutterhündin sind die Welpen erst einmal resistent gegen Krankheiten. Diese Resistenz dauert etwa acht bis zehn Wochen. Allerdings können dennoch Parasiten und Infektionen an die Welpen weitergegeben werden. Deshalb

Das Fell und die Haut des Dalmatiners können manchmal Symptome zeigen, deren Behandlung eine fachärztliche Diagnose erfordert.

Die fürsorgliche Pflege in den ersten Lebenswochen ist prägend für das Wesen und unerläßlich für die Gesundheit der Welpen.

Kastration

Lassen Sie Ihren Rüden kastrieren, werden während der Operation beide Hoden entfernt. Der Eingriff erfordert eine Vollnarkose des Hundes. Es dauert etwa eine Woche, bis sich der Hund davon erholt hat. Hündinnen werden auch kastriert, nicht sterilisiert. Dies ist sozusagen eine Totaloperation. Nach der Operation dauert es gewöhnlich vier Tage, bis sich die Hündin wieder erholt hat. Erst nach zwei Wochen können die Fäden gezogen werden.

ist eine Vorsorgeuntersuchung durch den Tierarzt notwendig.

Im Alter bis zum fünften Monat

Welpen sollten mindestens bis zu einem Alter von sechs Wochen von der Hündin gesäugt werden. Ein Welpe, der die ersten acht Wochen bei seiner Mutter und den Geschwistern verbringt, ist sozialisiert und auf seine Umwelt geprägt. Damit ist er gut auf das Zusammenleben mit seiner neuen Familie vorbereitet. Stellen Sie Ihren Welpen nach Abholung vom Züchter Ihrem Tierarzt vor. Er wird mit Ihnen einen weitergehenden Impf- und Entwurmungsplan aufstellen, die Zähne des Welpen kontrollieren, sich den Knochenbau ansehen und eine allgemeine Gesundheitsuntersuchung vornehmen. Bei verschiedenen Rassen kommen Probleme wie Patellaluxation, grauer Star oder anderen Augenprobleme vor. Auch auftretende Herzgeräusche oder nicht vollständig ausgebildete oder auch noch nicht vollständig in das Skrotum (Hodensack) abgestiegene Hoden können festgestellt werden.
Manchmal haben junge Hunde Verhaltensstörungen, auf die der Tierarzt eingehen muss.

Welpenvorsorge

Die Vorsorge für die Welpen beginnt bereits vor der Geburt mit der Gesunderhaltung der Hündin. Hat der Welpe ein Alter von zwei Wochen erreicht, beginnt sein eigenes medizinisches Vorsorgeprogramm. Zuerst erfolgt die Entwurmung. Die meisten Welpen haben Würmer, obwohl die Mutterhündin entwurmt wurde. Wurmlarven befinden sich in einem Ruhestadium in der Muskulatur der Hündin und werden durch den Hormonschub bei der Geburt freigesetzt und so auf die Welpen übertragen.

Impfplan

Impfstoffe werden vom Tierarzt durch eine Injektion verabreicht. Sie sollten das Impfdatum sowie den Impfstoff notieren und den nächsten Termin vormerken. In der Regel erhalten Sie aber vom Tierarzt einen Impfpass, in dem dieser seine Eintragungen über die Impfungen vornimmt. Die erste Impfung sollte der Welpe mit sechs bis acht Wochen erhalten. Eine Wiederholungsimpfung erfolgt vier Wochen später, wenn die Welpen zehn bis zwölf Wochen alt sind und danach mit vierzehn bis sechzehn Wochen. Impfungen sollten niemals in einem geringeren Abstand als fünfzehn Tage vorgenom-

Erste Hilfe auf einen Blick

Verbrennungen
Halten Sie die verbrannte Stelle unter kaltes Wasser, bei kleinen Verbrennungen können Sie einen Eiswürfel benutzen.

Insektenstiche
Benutzen Sie Eis, um die Schwellung zu verringern. Bei Allergie muß Ihr Hund sofort zum Tierarzt.

Tierbisse
Säubern Sie den blutenden Bereich, legen Sie evtl. einen Druckverband. Suchen Sie den Tierarzt auf.

Verschlucken von Fremdkörpern
Den Hund nicht erbrechen lassen. Sofort den Tierarzt konsultieren.

Vergiftung mit Frostschutzmittel
Bringen Sie den Hund sofort zum Erbrechen.

Angelhaken
Wird am besten vom Tierarzt entfernt, er muß zum Entfernen zerschnitten werden.

Schlangenbisse
Für den seltenen, aber möglichen Fall packen Sie Eis um den Biß, rufen Sie sofort den Tierarzt an und versuchen Sie die Schlange zu identifizieren.

Autounfall
Ziehen Sie den Hund mit Hilfe einer Decke von der Straße, suchen Sie sofort einen Tierarzt auf.

Schock
Beruhigen Sie den Hund, halten Sie ihn warm, suchen Sie sofort einen Tierarzt auf.

Nasenbluten
Legen Sie eine kalte Kompresse auf die Nase, bei sichtbaren Verletzungen üben Sie Druck aus.

Blutungen
Legen Sie einen Druckverband mit Hilfe eines Baumwollpäckchens an.

Hitzschlag
Kühlen Sie den Hund mit feuchten Tüchern, frischer Luft und kühlem Wasser. Suchen Sie einen Tierarzt auf.

Unterkühlung, Frostbeulen
Wärmen Sie den Hund mit einem warmen Bad auf, legen Sie ihn auf eine elektrische Heizdecke oder eine Wärmeflasche.

Schürfwunden
Säubern Sie die Wunde und waschen Sie die Wunde mit einem antiseptischen Mittel.

!! Denken Sie daran, ein verletzter Hund kann versuchen, vor Angst und Schock die helfende Hand zu beißen. Legen Sie dem Hund immer einen Maulkorb an, bevor Sie ihn versorgen. !!

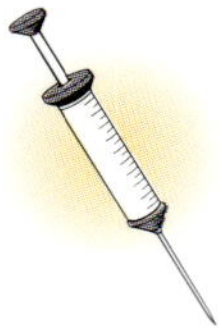

Gesundheits- und Impfschema								
Alter in Wochen	3.	6.	8.	10.	12.	14.	16.	20.–24.
Entwurmung	✔	✔	✔	✔	✔	✔	✔	✔
Kastration	nur bei medizinischer Indikation							
Herzwürmer								✔
Parvovirose		✔		✔		✔		✔
Staupe			✔		✔		✔	
Hepatitis			✔		✔			
Leptospirose			✔		✔			
Parainfluenza			✔		✔			
Zahnkontrolle			✔					✔
Grunduntersuchung			✔					✔
Wesenstest			✔					
Coronavirus					✔			
Zwingerhusten			✔		✔		✔	
Hüftgelenksdysplasie	erst mit einem Jahr sinnvoll							
Tollwut					✔		✔	

Impfungen wirken oft nicht sofort, weil es manchmal einige Zeit braucht, bis der Körper des Hundes reagiert. Impfstoffe können durch Überschneidungen unwirksam werden.
Auf jeden Fall fragen Sie Ihren Tierarzt.

men werden, da sich die Wirkung des Mittels aufheben könnte. Die meisten Impfungen wirken gegen Virusinfektionen. Gewöhnliche Vakzine enthalten Immunstoffe verschiedener Viren, wie beispielsweise gegen Staupe, Parvovirose, Leptospirose und Hepatitis. Muss eine Impfung aus Risikogründen schnell erfolgen, gibt es auch hier verschiedene Möglichkeiten der Impfung.
Holen Sie sich immer fachlichen Rat ein. Dies trifft besonders für die jährliche Auffrischungsimpfung zu. Die meisten Impfungen werden nach einem Impfplan vorgenommen. Eine Wiederholungsimpfung findet statt, wenn der Welpe ein Jahr alt ist, und wird jährlich aufgefrischt. In einigen Fällen erfordern die Umstände auch eine häufigere Immunisierung. Bei Zwingerhusten gibt es die Möglichkeit, den Impfstoff in die Nasenlöcher zu sprühen. Ihr Tierarzt wird Sie über all diese Dinge aufklären.

Das Hundeohr ist empfindlich

Nicht jedes Hundeohr ist gleich. Stehohren haben eine bessere Luftzirkulation als Hängeohren. Es gibt sogar Hunde mit beiden Ohrtypen. Dringen Sie bei der Reinigung der Ohren nie zu tief in das Ohr, da dies zu Verletzungen führen kann. Reinigen Sie nur den einsehbaren Bereich mit einem Baumwolltuch oder Wattebausch.

Jährliche Gesundheitsvorsorge

Im Alter von fünf Monaten sollten bei Ihrem Welpen alle Impfungen abgeschlossen sein. Ab einem Alter von einem Jahr (wenn der Hund ausgewachsen ist) können die Hüften wegen des Hüftgelenksdysplasie-Befundes geröntgt werden. Sollten Sie Ihren Hund in ein Land nehmen wollen, in dem besondere Impfvorschriften gelten, so kann jetzt auch über das Blut die Antikörperkonzentration festgestellt werden. So sehen Sie beispielsweise, ob nach der Tollwutimpfung genügend Antikörper gebildet wurden.

Wollen Sie mit Ihrem Dalmatiner keine Ausstellungen besuchen und auch nicht züchten, stellt sich zu diesem Zeitpunkt oft die Frage einer Kastration. Im allgemeinen wird sie in Deutschland nicht sehr häufig vorgenommen, da man der Meinung ist, dass eine Notwendigkeit nur vorliegt, wenn gesundheitliche Aspekte dafür sprechen. Ziehen Sie dennoch eine Kastration in Betracht, so sollte sie bei einer Hündin nach Absprache mit dem Tierarzt zwischen der ersten

Vorsicht vor Impfreaktionen!

Es kann vorkommen, daß Impfstoffe nicht wirksam werden. Manche Hunde reagieren allergisch auf das Impfserum und die Antikörper, die durch das Serum produziert werden sollen und so nicht aktiv werden können. Nach einer Impfung sollten Sie Ihren Hund in der Tierklinik noch eine Stunde lang unter Beobachtung halten, um Impfallergien oder andere Impfstoffreaktionen auszuschließen.

Krankheit	Art	Ursache	Symptome
Leptospirose	ernsthafte Erkrankung, die die inneren Organe befällt; kann auf Menschen übertragen werden	Bakterien, die häufig von Nagetieren übertragen werden und sich durch die Schleimhäute schnell im Körper verbreiten	Fieber, Erbrechen und Appetitverlust in weniger schweren Fällen; bis zu Schock, unheilbarem Nierenversagen und möglicherweise Tod in besonders schweren Fällen
Tollwut	potentiell tödlich verlaufende Viruserkrankung, die warmblütige Säugetiere befällt.	Biss durch ein infiziertes Tier (vornehmlich Wildtiere)	1. Stadium – Verhaltensänderung, Angst 2. Stadium – gesteigerte Aggressivität 3. Stadium – Koordinationsverlust und Verlust der Kontrolle über die Körperfunktionen
Parvovirose	hochgradig ansteckende, oft tödlich verlaufende Viruserkrankung	Aufnahme des Virus, das vor allem durch den Kot infizierter Hunde verbreitet wird	im Allgemeinen schwere Durchfälle, Erbrechen, Müdigkeit und Appetitlosigkeit
Virushusten (Zwinger-husten)	ansteckende Atemwegsinfektion	Kombination von Bakterien und Viren. Häufg kommen *Bordetella bronchiseptica bacteria* und das Parainfluenza virus vor.	chronischer Husten
Staupe	Krankheit, die das Atemwegs- und Nervensystem angreift	ein Virus, das mit dem menschlichen Masernvirus verwandt ist	leichte Symptome wie Fieber, Appetitlosigkeit und Schleimausscheidung steigern sich bis hin zu Hirnschäden oder Hartballenkrankheit
Hepatitis	ein Virus, das hauptsächlich die Leber angreift	ein Canine adenovirus type I (CAV-1). Wird durch Einatmen aufgenommen	schwächere Symptome sind Durchfall und Erbrechen, schwerere Symptome sind beispielsweise Virusklumpen in den Augen
Coronavirus	ein Virus, das Verdauungsprobleme hervorruft	Virus wird durch den Kot infizierter Hunde verbreitet	Magenverstimmung, gekennzeichnet durch Appetitverlust, Erbrechen und Durchfall

und dritten Hitze vorgenommen werden. Die Hündin ist dann körperlich und geistig ausgereift. Ein jährlicher allgemeiner Gesundheitstest ist sehr ratsam. Ansonsten ist ein Tierarztbesuch nur zu den routinemäßigen Impfterminen erforderlich.
Wenn Ihr Dalmatiner älter wird, sollten Sie beachten, dass sich sein Stoffwechsel auf die Erfordernisse im Alter einstellen muss. Seine Augen können an Sehkraft verlieren, sein Hörvermögen kann nachlassen. Auch Leber, Niere und Blase sind manchmal in ihrer Funktion eingeschränkt. Hier muss eine Futterumstellung zu altersgerechter Ernährung erfolgen. Tierärztliche Vorsorge kann Ihrem Dalmatiner das Älterwerden erleichtern.

Das gesunde Hundegebiss

In einem Alter zwischen fünf Monaten und einem Jahr sollte eine Überprüfung der Zähne stattfinden, weil dann die „bleibenden“ Zähne durchgebrochen sind. Falsche Zahnstellungen könnten jetzt noch korrigiert werden. Es ist wichtig, dem Hund regelmäßig die Zähne zu kontrollieren und zu reinigen. Für die Zahnpflege sollte vorzugsweise eine zweiseitige Hundezahnbürste verwendend werden, wodurch beide Seiten des Zahns zu derselben Zeit gebürstet werden. Haltbares Kauspielzeug und sichere, zahnreinigende Leckerlies, sollten ein Teil der Gesundheitsvorsorge ausmachen, um für den Welpen gute Zähne und angenehmen Atem zu erhalten. Viele Hunde im Alter zwischen drei bis vier Jahren und älter, leiden unter Zahnerkrankungen. Deshalb sollte der Zahnpflege und der Zahnkontrolle immer eine besondere Aufmerksamkeit zukommen.

Hautprobleme beim Dalmatiner

Mehr als für jede andere Krankheit werden Tierärzte bei Hautproblemen konsultiert. Da die Haut des Hundes fast so empfindlich wie menschliche Haut ist, leiden Hunde bei derartigen Problemen auch extrem. Mensch und Hund erliegen beide denselben Leiden (obwohl Akne bei Hunden selten vorkommt!). Deshalb hat sich die Veterinärdermatologie zu einem tierärztlichen Spezialgebiet entwickelt. Viele Hautprobleme haben visuelle Anzeichen, die fast alle identisch mit Krankheiten aus der Humanmedizin sind und deshalb nach der Fertigkeit eines erfahrenen Veterinärhautarztes verlangen. Dieser wird in den meisten Fällen die Hautstörung identifizieren und Heilungsmaßnahmen einleiten. Einfach ausgedrückt, wenn Ihr Hund an einer Hautstörung leidet, suchen Sie so schnell wie möglich professionelle Hilfe auf. Hier verhält es sich wie mit allen Krankheiten: Je früher ein Problem erkannt und behandelt wird, desto erfolgreicher ist die Heilung. Tierläden verkaufen viele Mittel gegen Hautprobleme. Bitte beachten Sie stets, dass die meisten dieser Behandlungsmittel nur auf die Symptome und nicht auf die zugrundeliegenden Probleme ausgerichtet sind.

Vererbbare Hautprobleme

Viele Hautprobleme sind vererbbar und manche von ihnen sind unheilbar. Akrodermatitis wird von beiden Elternteilen vererbt. Obwohl die Krankheit bei den Elterntieren nicht zum Tragen kommen muss (phänotypisch), können sie

dennoch Träger der Gene (rezessiv) sein. Akrodermatitis ist ein Beispiel, wie schwer es ist, eine Krankheit zu erkennen und sie dann aus der Zucht zu eliminieren. Die Gefahr einer Vererbung ist sehr hoch. Betroffene Welpen erreichen höchstens ein Alter von zwei Jahren.
Viele vererbbare Hautkrankheiten haben einen unterschiedlichen Krankheitsverlauf und ihre Behandlung ist meist erfolgversprechend. Hautkrankheiten müssen stets von einem Tierarzt oder einem vet. Dermatologen diagnostiziert und behandelt werden. Viele Heilungsprogramme wurden in Zusammenarbeit mit Arzneimittelherstellern und Tierärzten erarbeitet und werden sehr erfolgreich eingesetzt. Eine erfolgversprechende Behandlung setzt allerdings stets eine eindeutige Diagnose voraus.

Akrodermatitis

Es besteht eine Möglichkeit von 25 %, daß Ihr Welpe die Genkombination der rezessiven Akrodermaditis geerbt hat.

AA=normal gesund
aa=Krankheitsbefall
Aa=rezessiv, normale Anzeichen

Die Hündin hat das Gen Aa und der Rüde ebenfalls das Gen Aa. Dies birgt die Möglichkeit von 1:4, dass der Welpe die tödliche Genkombination aa geerbt hat.

Hündin

Rüde	A	a	♀
A	AA	Aa	
a	Aa	aa	
♂			

Futter kann Erkrankungen vorbeugen

Ausgewogenes Futter ist sehr wichtig. Eine falsche Ernährung könnte die Gesundheit Ihres Hundes beeinflussen. Dies kann bei dem sonst normal reagierenden Hund zu Stoffwechselstörungen oder aggressivem Verhalten führen.

Insektenstiche
Viele von uns reagieren allergisch gegen Insektenstiche. Der Stich juckt, wird dick und kann sich entzünden. Auch Hunde haben diese Reaktion auf Fliegen, Zecken und/ oder Milben. Während Sie die Möglichkeit haben, die Mücke nach ihrem Stich zu töten, hat der Hund nur die Möglichkeit sich zu schütteln, zu beißen oder zu kratzen. Wenn der Hund sich wegen eines Bisses kratzt, hat der Floh oft schon in die nächste Stelle gebissen. Außerdem legt er seine Eier ab, was ein weiteres Problem hervorruft. Durch die Eiablage wird ein Kreislauf in Gang gesetzt, den der Mensch nur durch Behandlung mit medizinischen Mitteln unterbrechen kann. Hier gibt es gute Medikamente, die bei regelmäßiger Anwendung eine Parasitenfreiheit des Hundes garantieren.

Autoimmune Hauterkrankungen
Autoimmune Hauterkrankungen werden weithin beschrieben als: Gegen sich

Welche Reisedokumente benötigen Sie?

In den meisten europäischen Ländern ist der Impfpaß mit der gültigen Tollwutimpfung ausreichend. Nur wenige Länder verlangen hierüber eine amtstierärztliche Bescheinigung. In skandinavische Länder, außer Dänemark, das auch nur einen Impfpass verlangt, können Sie Ihren Hund nach vorheriger Einfuhrgenehmigung und über einem durch Bluttest nachgewiesenen Tollwutschutz problemlos einführen. Sie müssen sich allerdings vorher erkundigen, ob sich an den Grenzstationen ein Tierarzt befindet, der Ihre Papiere kontrollieren kann. Ab März 2000 ist auch in England die Quarantänevorschrift aufgehoben. Hier gelten fast gleiche Einfuhrbedingungen wie in Skandinavien, mit dem Unterschied, dass eine einfache Kennung durch Tätowierung nicht ausreichend ist, sondern der Hund durch einen Mikrochip identifizierbar sein muß. Über die entsprechenden Einreisebestimmungen kann Sie Ihr Tierarzt informieren. Einreisepapiere können Sie beim jeweiligen Konsulat oder dem Landwirtschaftsministerium dieses Landes beantragen.

selbst allergisch sein. Es sind schwere Hauterkrankungen, die eine lebenslange Behandlung erfordern. Allergien führen normalerweise zu Gegenreaktionen auf einen Außenreiz. Autoimmune Erkrankungen führen zu Entgleisungen des körpereigenen Abwehrsystems. Diese richten sich gegen Bestandteile der Haut und verursachen ernste Schäden am betroffenen Gewebe. Die am besten bekannte Autoimmun-Erkrankung ist Lupus. Sie trifft Menschen ebenso wie Hunde. Die Anzeichen sind sehr variabel und können die Nieren, die Knochen, das Blutbild und die Haut beeinflussen. Lupus kann für Hunde und Menschen tödlich verlaufen, obwohl man nicht annimmt, dass es übertragbar ist. Normalerweise erfolgt eine Behandlung mit Kortison, Prednisonen oder ähnlichen Kortikoiden in Salben- oder Tablettenform. Die Verwendung dieser Medikamente hat allerdings oft schädliche Nebenwirkungen.

Leckekzem

Manche Dalmatiner haben ebenso wie andere Hunde dieser Größenordnung ein sehr schwer zu verstehendes Syndrom. Dieses sogenannte „Leckekzem" manifestiert sich dadurch, dass der Hund bestimmte Körperregionen durch endloses Lecken attackiert. Bei diesem Syndrom handelt es sich um einen Angriff des Hundes auf eigene Körperpartien, wobei fast immer die Beine bearbeitet werden. Die Hunde lecken so intensiv, dass das Haar und die Haut verschwindet. Es entsteht eine häßliche, große Wunde. Obwohl meistens kortisonhaltige Mittel zur Linderung verabreicht werden, ist eine vollständige Heilung aussichtslos.

Pyodermie

Pyodermie tritt beim Dalmatiner wie bei anderen Rassen auch in letzter Zeit immer häufiger auf. Pyodermie wird durch Eitererreger (Strepto- und Staphylokokken) verursacht. Während diese Bakterien als natürliche Bewohner auf der Haut des Hundes existieren, ohne Probleme zu bereiten, dringen sie sekundär nach vorangegangenen Verletzungen, Parasitenbefall, Verschmutzungen, intensivem Lecken, hormonellen Erkrankungen oder Immun- krankheiten in die Haut bzw. in die Haarbäl-

ge ein und führen zu einer Entzündung (Follikulitis). Aber auch durch Reinigung der Hautfalten wird durch mechanischen Reiz eine anschließende Besiedelung mit Bakterien und damit eine Entzündung ausgelöst. Bakterien dringen in die Unterhaut ein, das Gewebe wird eingeschmolzen. Es bildet sich eine Höhle, in der sich Eiter ansammelt (Abszess). Bei der Follikulitis treten an Kinn, Rücken und der Außenfläche der Beine kleine Rötungen und Pusteln auf, die durch Lecken und Kratzen aufreißen und krustige Beläge auf der Haut bilden.
Pyodermie wird normalerweise mit Antibiotika und medizinischen Bädern behandelt. Wird eine Allergie als Auslöser festgestellt, sollte hier die Behandlung angesetzt werden. Hauterkrankungen sollten von einem vet. Dermatologen

Ein Leckekzem kann zu einer offenen Wunde und zu einer schlimmen Entzündung führen, wenn es nicht zeitig erkannt und vom Tierarzt behandelt wird. Leckekzeme finden sich häufig an den Vorderpfoten des Hundes.

Wenn Ihr Hund Kot ausscheidet, werden jedes Mal eine große Menge Wurmeier freigesetzt. Manchmal entwickeln sich diese Eier im Gras und infizieren andere Hunde ebenso wie Menschen.

eindeutig identifiziert und behandelt werden. Eine Diagnose kann anhand einer Blutuntersuchung oder eines Hautgeschabsels gestellt werden, was dem Hund keinerlei Schmerzen bereitet. In den häufigsten Fällen erholt sich die Haut nach erfolgreicher Behandlung.

Dalmatiner Bronzing Syndrom

Beim „Bronzing" oder „Bronze-Syndrom" handelt es sich nicht um eine klare Störung oder um ein Syndrom, durch das das Dalmatiner-Bronzing ausgelöst wird. Bronzing ist die allgemeine Bezeichnung für die Verfärbung von schwarzem Haar, das sich braun verfärbt. Beim Bronzing muss unterschieden werden zwischen dem Bronzing-Syndrom, das eine Stoffwechsel bedingte bräunlich-gelbliche Verfärbung der Haare bezeichnet, und einer physikalisch bedingten Ausbleichung (Sonneneinstrahlung, Meerwasser) der pigmentierten Tupfen. Diese beiden Erscheinungen des Begriffs Bronzing sind letztlich nicht identisch. Man benutzt den Begriff Bronzing ebenfalls in Zusammenhang mit Hautproblemen, um die Verfärbung der Haare zu bezeichnen. Aufgrund der weißen Grundfarbe

Wieviel Protein?

Der Bedarf Ihres Hundes an Protein ist unterschiedlich. Große Aktivitäten, Stress, klimatische Veränderungen und andere Faktoren erhöhen oder senken den Proteinbedarf Ihres Dalmatiners. Lassen Sie sich von Ihrem Tierarzt beraten und weisen Sie ihn auf die Stoffwechselbesonderheit des Dalmatiners hin.

des Dalmatiners sind diese Verfärbungen leicht als braun und als krankhafte Flecken zu identifizieren. Dalmatiner mit abweichenden Fellveränderungen bedürfen einer individuellen Behandlung. Das Bronzing-Syndrom ist nicht allgemein einem bestimmten Ursprung zuzuordnen und deshalb als solches auch nicht als erblich zu bezeichnen.

Pollenallergie

Eine andere Form von Allergie ist die Pollenallergie. Menschen bekommen Heuschnupfen und reagieren allergisch auf Blütenpollen. Viele Hunde tragen die

Eine sorgsame Gesundheitsvorsorge ist der Schlüssel zu einem glücklichen und gesunden Leben Ihres Dalmatiners.

gleichen Allergien in sich. Sie leiden darunter besonders bei vermehrtem Pollenflug. Allerdings zeigen sie dies nicht wie der Mensch durch Niesen oder indem die Nase läuft. Hunde reagieren auf Blütenpollen in gleicher Weise wie auf Insektenstiche. Sie fangen an sich zu kratzen und zu beißen. Wie auch beim Menschen kann der Hautarzt beim Hund einen Allergietest durchführen. Es gibt sehr erfolgreiche Sensibilisierungsprogramme, die oftmals zum Stillstand der Krankheit führen.

Futtermittelallergien

Hunde reagieren auf viele Futtersorten allergisch, auch wenn diese als Bestseller in den Regalen der Futtermittelhändler angeboten werden und nach strengen medizinischen Maßstäben hergestellt wurden. Durch einen Futterwechsel allein wird das Problem meist nicht gelöst, da in der neuen Sorte oft dieselben Inhaltsstoffe enthalten sind, auf die der Hund allergisch reagiert. Eine Futtermittelallergie zu ergründen ist sehr schwierig. Es basiert auf einem Ausschlussverfahren, bei dem gleichzeitig auf ausreichende und ausgewogene Ernährung geachtet werden muss. Während der Mensch bei einer Lebensmittelallergie Ausschlag bekommt, zeigt sich die Futtermittelallergie bei Hunden wieder durch Juckreiz. Der Hund kratzt und beißt sich. Dies macht die Diagnose extrem schwierig. Pollen- und Insektenallergien sind in der Regel saisonal bedingt, während Futtermittelallergien das ganze Jahr auftreten können.

Behandlung von Futtermittelallergien

Eine Behandlung von Futtermittelallergien ist möglich. Wie schon erwähnt, beruht sie auf einem Ausschlussverfahren. Sie sollten Ihrem Dalmatiner ein Futter anbieten, mit dem er noch nie in Kontakt gekommen ist. Beginnen Sie mit einem Futter, dessen Inhaltsstoffe nicht in Ihrem derzeitigen Futtermittel enthalten sind. Bieten Sie ein Futter aus Lamm, Kaninchenfleisch, Geflügel oder einfach Gemüse an. Füttern Sie dem Hund diese Diät etwa einen Monat lang. Wenn sich sein Zustand verbessert hat, bestehen gute Chance, dass Sie den Allergieauslöser gefunden haben. Andernfalls müssen Sie fortfahren die Diät zu variieren. Es muss Stück für Stück ein

Komplettfutter zusammengestellt werden, welches auch den Ernährungsansprüchen des Hundes auf Dauer genügt. Immer, wenn Sie einen neuen Inhaltsstoff hinzufügen, sollten Sie diese Kombination erst einen Monat lang füttern und die Reaktion abwarten, bevor Sie neue Inhaltsstoffe beigeben.

Manchmal hilft es auch, den Hund sorgfältig beim Füttern zu beobachten. Achten Sie darauf, welche Mahlzeiten der Hund bekommt. Hier sind ganz besonders die Leckerlies mit einzubeziehen. Auch diese können Inhaltsstoffe aufweisen, gegen die der Hund allergisch reagiert.

Eine weitere Behandlungsmöglichkeit stellt die Bioresonanz-Therapie dar, bei der Ihr Hund durch eine Desensibilisierung durch den Tierarzt oder Heilpraktiker von seiner Allergie befreit wird.

Häufig auftretende Gesundheitsprobleme

Eines der am häufigsten mit dem Dalmatiner in Verbindung gebrachten Probleme ist die Taubheit. Während Studien gezeigt haben, dass weniger als zehn Prozent der Hunde völlig taub sind, ist dies dennoch immer noch ein hoher Prozentsatz in einer einzelnen Rasse. Nahezu bei einem Viertel aller Dalmatiner tritt einseitige Hörfähigkeit auf. Deshalb ist der AEP-Test (audiometrisch evozierte Potentiale) für den Dalmatiner und andere weißhaarige Rassen (z. B. Bullterrier) äußerst wichtig. Taubheitsprobleme wurden bei fast siebzig Rassen nachgewiesen. Beim Dalmatiner wird die Taubheit allerdings bereits seit vielen Jahren züchterisch bekämpft. Inzwischen ist für alle erwachsenen Dalmatiner der AEP-Hörtest mit dem Ergebnis der beidseitigen Hörfähigkeit zwingende Voraussetzung, um für die Zucht zugelassen zu werden. Beim AEP-Test handelt es sich um ein schmerzloses Verfahren. Im Kopfbereich um das Ohr herum werden dem Hund unter der Haut kleine Elektroden eingeführt, um akustische Reize, die an das Ohr gesendet werden, als Gehirnstrommessung zu analysieren und in verlässlichen Wellen wiederzugeben. Ein Computer zeichnet diese Hörkurve auf, woraus sich der Grad der Hörfähigkeit ableiten läßt. Der AEP-Test ist die einzige zuverlässige Art, die Hörfähigkeit eines Dalmatiners zu bestimmen. Kaufen Sie deshalb niemals einen Welpen, der nicht getestet worden ist. Taube Welpen und Hunde passen sich oft soweit an, dass ihre Reaktionen und ihr Benehmen dem menschlichen Auge normal erscheint. Hörgeschädigte Dalmatiner zeigen allerdings häufig eine starke Überaktivität. Der Welpe gleicht sein eingeschränktes Hörvermögen durch andere Sinnesleistungen weitgehend aus. Kaufen Sie im Zweifel nur einen Welpen, der AEP-getestet wurde und lassen sie sich die Hörkurven vom Züchter erklären. Erfahrene Züchter können zwar auch ohne diesen Test feststellen, ob ein Dalmatiner hörgeschädigt ist oder nicht, aber sie können keine Aussage über den Grad der Schädigung machen.

Dalmatiner-Welpen untersuchen alles Kaubare, das sie finden. Geben Sie Ihrem Welpen deshalb immer nur sicheres Kauspielzeug und halten Sie alle gefährlichen Dinge außer Reichweite.

Harntraktinfektionen und Uratsteine
Uratsteinbildung ist ein Dalmatiner-rassetypisches Problem, welches jedoch auch bei bestimmten anderen Rassen bekannt geworden ist. Es handelt sich um eine Stoffwechselbesonderheit. Verschiedene Eiweiße produzieren in hohem Maße Purine, die beim Dalmatiner Harnsteine verursachen. Purinreiches Futter, wie Fleisch, sollte dem Dalmatiner nicht verfüttert werden. Es ist durch Alternativ-Eiweißquellen, wie Lamm, Truthahn mit Reis, Gemüse oder ein auf Gerste basierendes Hundefutter auszutauschen. Eine weitere vorbeugende Maßnahme ist die Bereitstellung von reichlichem Wasser. Für Hunde, die zur Steinbildung neigen, kann auch destilliertes Wasser angeboten werden. Sie sollten wegen der Harnsteinbildung einen routinemäßigen Urintest in Ihre Tierarztbesuche einbeziehen. Es gibt auch relativ einfache Tests, die Sie anhand von Lackmuspapierstreifen an einer Urinprobe Ihres Hundes selbst vornehmen können. Diese kann Ihnen Ihr Tierarzt zur Verfügung stellen. Saures Urin fördert das Wachstum von Harnkristallen. Der Test hilft dem Eigentümer, zu bestimmen, wann eine Behandlung notwendig erscheint. Da das Risiko zur Harnsteinbildung von mehreren Faktoren abhängig ist, kommt sie relativ selten vor. Sie ist vergleichbar mit der Gicht beim Menschen und hat die gleichen Ursachen. Die Harnsäureausscheidung sollte sich beim Dalmatiner in einem Bereich zwischen 3,93 und 7,28 mmol/l befinden. Bei anderen Hunderassen liegt sie vergleichsweise bei 0,99 mmol/l.

Hypothyreose (Schilddrüsenunterfunktion)
Die Erkrankung der Schilddrüse ist bei Hunden sehr verbreitet und wird vereinzelt auch beim Dalmatiner beobachtet. Die Symptome zeigen sich im Alter zwischen ein und drei Jahren, obwohl manche Besitzer sie erst viel später bewusst wahrnehmen. Das von der Schilddrüse produzierte Hormon Thyroxin reguliert den Stoffwechsel. Eine Unterfunktion der Schilddrüse macht den Hund lustlos und schlaff. Die Schilddrüsenunterfunktion kann bereits über einen Bluttest nachgewiesen werden. Da die Schilddrüse jedoch über große Reserven dieses Hormons verfügt, ist ein Stimulationstest ein noch sicherer Weg, dieses Krankheitsbild eindeutig zu diagnostizieren. Erst einmal erkannt, kann es mit einfachen Mitteln, wie funktionsregulierenden Tabletten, erfolgreich behandelt werden. Betroffene Hunde sollten von der Zucht ausschlossen werden.

IgA-Mangel
IgA-Mangel kommt beim Menschen relativ häufig vor und wurde auch bei Hunden nachgewiesen. Dies schließt den Dalmatiner nicht aus. IgA ist ein Protein; ein Teil des Immunsystems, das die Epithel-Oberfläche der schleimigen Membranen in den Atem- und Verdauungssystemen gegen fremde Partikel schützt. Ohne IgA sind diese Oberflächen verwundbarer und können leicht durch Bakterien, Viren usw. angegriffen werden. Die Systeme des Körpers werden krankheitsanfälliger. Welpen erhalten die IgA-Abwehrstoffe bereits durch die Muttermilch. Bei betroffenen Hunden sind keine ausreichenden IgA-Mengen vorhanden. Diese Störung ist nicht heilbar, obwohl die Symptome gut identifizierbar sind. IgA-Mangel kann weiterhin zu verschiedenen Arten von Hautproblemen führen. Da diese Störung erblich ist, sollte mit betroffenen Hunden nicht gezüchtet werden.

Aufgeblähtheit oder Magendrehung

Von der Magendilatation oder Aufgeblähtheit und der Magendrehung (Torsio ventriculi) sind im allgemeinen auch Dalmatiner betroffen. Die Ursache der Aufgeblähtheit des Magens oder der Magenblase ist nicht vollständig geklärt. Wahrscheinlich sind Milchsäurebakterien und Streptokokken maßgeblich beteiligt. Der Milchsäuregehalt des Magensaftes ist deutlich überhöht. Auch Luftschlucken ist eine Ursache für Aufgeblähtheit. Oft wird die Grundlage für eine Magenerweiterung bereits im Welpenalter durch Überfütterung gelegt. Der Hund stößt häufig auf oder erbricht. Es findet eine erhebliche Gasbildung im Magen statt. Deshalb sollte das Futter nur in kleinen Portionen angeboten werden. Durch eine eingeführte Magensonde kann der Tierarzt Gas entweichen lassen und Futterreste herausdrücken.

Auch die Ursache der Magendrehung ist noch nicht vollständig geklärt. Betroffen sind weitgehend größere Rassen mit großem Brustumfang, Rüden weitaus häufiger als Hündinnen. Die Magendrehung tritt weitgehend bei wenig gefülltem Magen auf. Bei betroffenen Hunden wurde eine Gewebeschwäche an der Magenaufhängung festgestellt. Die Anatomie des Magens ist verändert und beeinflusst dadurch den Verdauungsablauf. Es kommt ebenfalls zur Gasbildung, die vom Verdauungssystem verursacht wird. Wenn der Magen voller Luft ist, kann er sich verdrehen und die Venen werden abgeklemmt. Der aufgedunsene Magen sondert Gewebsflüssigkeit ab. Die zuführenden Gefäße werden abgeklemmt und das Gewebe wird nicht mehr ausreichend mit Blut versorgt. Nach einiger Zeit setzt ein Schock ein, der schließlich zum Tod des Hundes führt.

Bitte keine Selbstdiagnose!

Bei allen Anzeichen einer Erkrankung Ihres Hundes müssen Sie unbedingt einen Tierarzt aufsuchen und nicht aus Büchern Ihre eigenen Diagnosen stellen. Manche Symptome sind sehr ähnlich, obwohl sie unterschiedlichen Krankheiten zuzuordnen sind. Sie können sowohl auf die eine als auch auf eine andere Krankheit hinweisen. Überlassen Sie die Untersuchung, Diagnose und Behandlung Ihrem Tierarzt. Viele Krankheiten bedürfen einer sofortigen Behandlung und würden durch eigene „Experimente“ nur verschlimmert werden.

Obwohl Aufgeblähtheit und Magendrehung verhältnismäßig selten beim Dalmatiner auftreten, gehört er zu den anfälligen Rassen, denn er besitzt einen großen, tiefen Brustkorb, schlingt seine Nahrung herunter, zeigt eine Tendenz zum Würgen und ist ein bewegungsfreudiger Hund. Wenn der Hund unruhig wird und Unwohlsein zeigt oder einen sichtlich aufgeblähten Unterleib hat, ist eine umgehende Behandlung erforderlich. Die ersten Stunden sind hierbei entscheidend, da bereits nach kurzer Zeit der Schock eintreten kann. Eine sofortige Operation ist notwendig. Nach erfolgreicher Operation sollten Sie dem Hund eine spezielle Diät in kleinen Portionen anbieten. Vorsorglich ist es generell besser, Ihrem Dalmatiner mehrere kleine Mahlzeiten am Tag anstatt einer Tagesmahlzeit zu reichen. Nicht vollständig entleerte Schüsseln sollten Sie entfernen. Vor und nach der Fütterung ist für mindestens eine Stunde Ruhezeit zu sorgen. Während dem Dalmatiner tagsüber ausreichend Wasser zur Verfügung stehen sollte, bieten Sie ihm direkt nach einer Mahlzeit nur eine minimale Menge an.

Scanneraufnahme eines Elektronenmikroskops (S.E.M.) des Hundeflohs *Ctenocephalides canis.*

Ektoparasiten

Kein Hundeproblem ist so bekannt und hartnäckig wie Flöhe. Flöhe, Zecken und Milben sind relativ leicht zu behandeln, jedoch ist es schwierig, den Befall zu verhindern. Parasiten, die sich im Körper angesiedelt haben, sind schwierig unter Kontrolle zu bekommen, jedoch ist die Vorsorge einfacher.

Flöhe

Es ist leicht möglich, einen Flohbefall zu kontrollieren. Flöhe sind in der Hauptsache ein Sommerproblem. Eine intensive Behandlung des Umfeldes ist erforderlich. Leider gibt es keine Antiflohmittel, um die gesamte Umgebung, in der der Floh lebt, abzudecken. Um die Flohpopulation unter Kontrolle zu bringen, muss man deshalb den Lebenszyklus des Flohs unterbrechen.

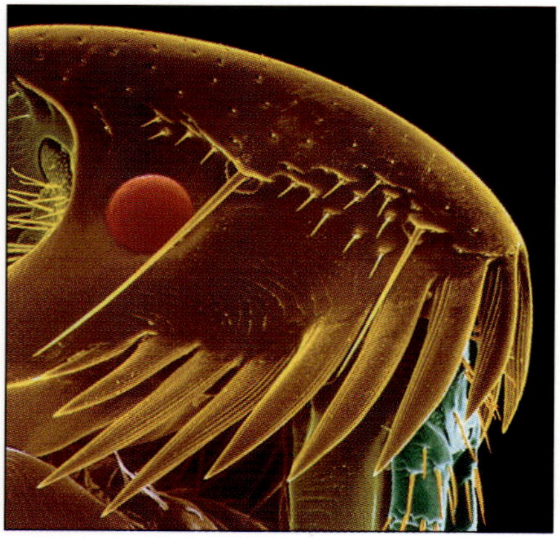

Vergrößerter Detailausschnitt des Kopfes vom Hundefloh *Ctenocephalides canis.*

Lebenszyklus des Flohs

Flöhe durchleben vier Lebensstadien: Eier, Larve, Puppe und ausgewachsener Floh. Floheier, Larven oder Puppen sind bereits mit einer Lupe zu identifizieren. Flöhe verbringen ihr gesamtes Leben auf dem Hund. Sofern sie durch Bürsten, Baden, Kratzen oder Beißen herunterfallen, ergreifen sie meist die nächstbeste Gelegenheit, den Hund oder auch Sie wieder zu befallen. Weil Hundeflöhe Menschen beissen, ist es wichtig, sowohl den Hund als auch seine Umgebung

Flöhe sind Anpassungskünstler

Flöhe gibt es bereits seit Millionen von Jahren, und sie haben sich an immer neue Wirtstiere angepasst. Sie können einen kompletten Lebenszyklus in weniger als einem Monat durchlaufen oder ihr Leben auch um fast zwei Jahre verlängern, indem sie für die Dauer dieser Zeit im Puppenstadium verbleiben. Sie können bis zu zwanzig Monate ohne jegliche Nahrung oder Blut überleben.

Es ist erwiesen, dass sie bis zu 300 000 Mal springen und dabei in jeder Richtung, auch noch oben, das 150-fache ihrer eigenen Körperlänge überspringen können. Dies sind nur einige der Gründe, warum sie im Befallen von Hunden so erfolgreich sind.

zu kontrollieren. Halten Sie die Aufenthaltsplätze ständig sauber und reinigen Sie regelmäßig das Schlaflager. Einige Arten befallen Hunde und Katzen gleichermaßen. Der Hundefloh heißt *Ctenocephalides canis*. Immer häufiger findet man auch den Katzenfloh *Ctenocephalides felis* an Hunden. Flöhe legen ihre Eier in das Hundefell, trocknen und fallen einfach herunter, um einen Vorrat für zukünftigen Flohbefall zu bilden.

Das Haus „entflohen"

Sauberkeit ist die wichtigste Regel bei der Flohbekämpfung! Wenn in Ihrem Haushalt eine Katze mit dem Hund zusammenlebt, gestaltet sich das Problem etwas komplizierter, da die Flöhe am Hund oftmals eben Katzenflöhe sind. Da Katzen sich aber in einem viel größerem, vom Hund teilweise nicht erreichbaren Terrain aufhalten (beispielsweise Fensterbänke, Tische und andere Orte), ist die Sauberhaltung des gesamten Umfeldes erforderlich. Ihr Fußboden muss mehrmals täglich gewischt werden. Futterreste auf dem Fußboden sind auch Futterreste für Flohlarven. Der Teppichboden und Ihre Möbelgarnitur muss mehr als üblich gesaugt werden. Ein Staubsauger erwischt letztlich nur 20 Prozent der Larven und 50 Prozent der Floheier. In den Staubsaugerbeutel sollten Sie Flohpuder geben. Die anschließende Vernichtung des vollen Beutels ist unerläßlich. Die im Freien befindlichen Hundeanlagen können mit einem Insektizid besprüht werden. Des erhalten Sie vom Tierarzt. Es hört sich alles nach viel Arbeit an, aber es ist es eine notwendige Arbeit, die Sie im

Vorsicht vor Pflanzenschutzmittel

Hunde die mit Herbiziden in Kontakt kommen, weisen einen doppelt bis dreifach erhöhten Befund an bösartigen Lympherkrankungen auf. Stadthunde sind einem besonderen Risiko ausgesetzt, da sie hauptsächlich auf den städtischen Grünanlagen herumtollen, wo möglicherweise Unkrautvertilgungsmittel ausgebracht sind. Hunde schwitzen und absorbieren durch ihre Fußballen. Achten Sie darauf, wo Ihr Hund geht und vermeiden Sie jeden Bereich, der chemisch behandelt sein könnte.

Auf die Flöhe, fertig, los...

-Fügen Sie dem Hundebad ein wenig Eukalyptusöl hinzu. Natürliche Produkte wirken abschreckend auf Flöhe.

-Ergänzen Sie das Futter des Hundes mit frischem Knoblauch und einer guten Portion Bierhefe.

-Verwenden Sie einen speziellen Flohkamm zur täglichen Hundepflege. Ausgekämmte Flöhe vernichten Sie schnell in einer Tasse mit Seifenlauge

-Beschränken Sie den Aktionsradius des Hundes innerhalb des Hauses auf einen abgegrenzten Raum, damit sich die Flöhe nach Möglichkeit nicht überall ungehindert vermehren können.

-Während der Flohbekämpfungszeit benutzen Sie häufiger als sonst Ihren Staubsauger. Streuen Sie Flohpuder in den Staubsaugerbeutel und untersuchen Sie ihn nach Gebrauch auf Flöhe und Floheier, bis das Problem unter Kontrolle ist und keine Parasiten mehr zu finden sind.

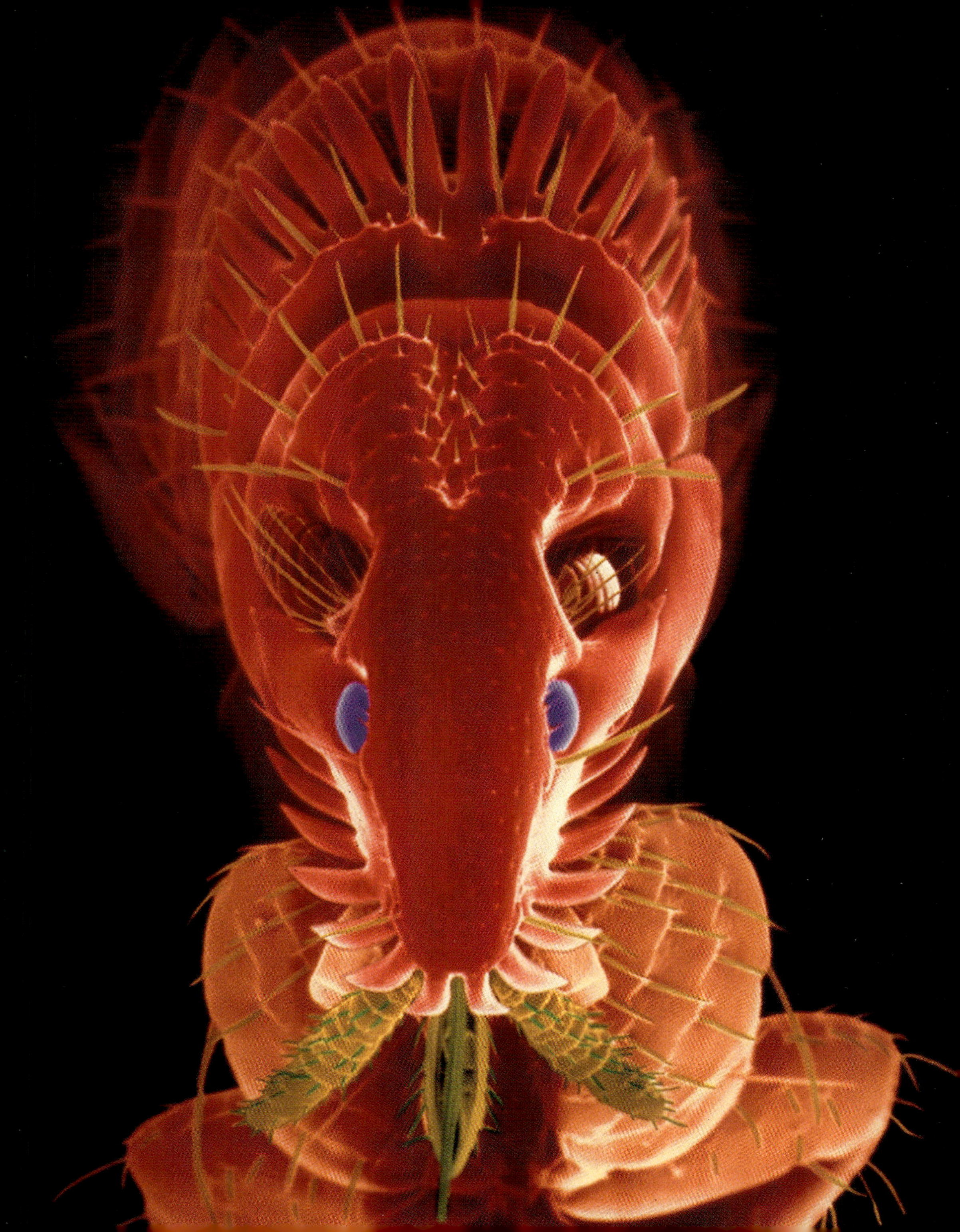

Normalfall noch selbst erledigen können. Es hat auch schon Flohbefall gegeben, bei dem nur ein Kammerjäger erfolgreich war. Zur Bekämpfung des erwachsenen Flohs am Hundekörper stehen ausreichende Mittel zur Verfügung. Fragen Sie Ihren Tierarzt und erarbeiten Sie ein Flohbekämpfungs- und gleichzeitig ein Entwurmungsprogramm. Es gibt erfolgreiche Medikamente, die extern und intern und somit auch gleichzeitig gegen viele Wurmarten wirken.

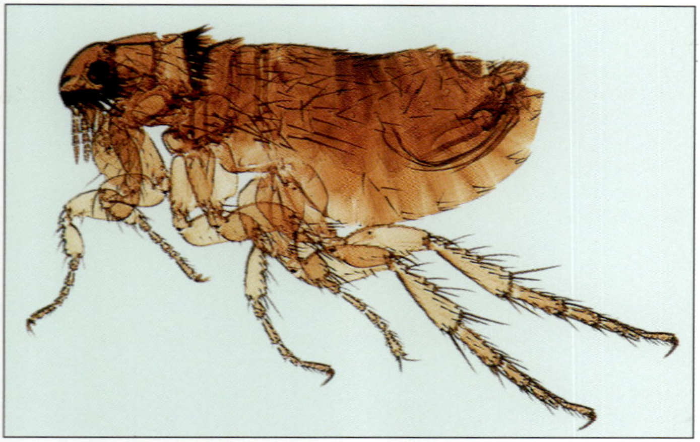

Der männliche Hundefloh *Ctenocephalides canis*.

Zecken- und Milbenbefall

Parasiten wie Zecken und Milben findet man im unterschiedlichen Maße überall dort, wo sie eine wärmere Umgebung vorfinden. Sie beißen nicht wie Flöhe, dennoch haben sie scharfe Mundwerkzeuge, mit denen sie sich in der Haut des Hundes festhalten, um dessen Blut zu saugen. Dies ist ihre einzige Nahrung. Diverse Erkrankungen werden durch Zecken übertragen. Einige davon können für Haustiere tödlich verlaufen, andere sind auch für den Menschen gefährlich. Man benutzt für die Zeckenbekämpfung die gleichen

Achten Sie drauf!

Verwenden Siemals verschiedene Flohmittel gleichzeitig, ohne Ihren Tierarzt vorher befragt zu haben. Einige Mittel sind in Verbindung mit anderen Mitteln giftig, was zu fatalen Folgen führen kann.

Borreliose in Deutschland

Jeder Hund fühlt sich in der freien Natur ausgesprochen wohl. Allerdings sind hier gefährliche Parasiten zu Hause, die schwere Krankheiten verursachen können. Einer dieser Parasiten ist die Zecke. Die sogenannte Hirschzecke trägt Borreliose auslösende Erreger in sich. Zecken sind im Herbst und im Frühjahr sehr aktiv. Sollte sich Ihr Hund infiziert haben, können Sie verschiedene Symptome feststellen. Eine sichere Diagnose ist erst nach einem Test durch Ihren Tierarzt möglich. Bei folgenden Symptomen sollten Sie Ihren Tierarzt konsultieren: Schmerzempfindlichkeit, Lähmungen, Appetitlosigkeit, geschwollene Lymphdrüsen, Fieber und Lethargie. Wird die Krankheit früh erkannt, kann der Tierarzt geeignete Gegenmaßnahmen ergreifen. Unbehandelt wirkt der Virus auf das Nervensystem, die Nieren und auf Herz und Kreislauf. Sehr schmerzhafte Gelenkentzündungen kommen später hinzu. Borreliose ist eine sehr ernst zu nehmende Erkrankung, die sich nicht nur auf den Hund beschränkt, sondern auch auf Menschen übertragen werden kann. Sie kommt nicht ausschließlich in ländlichen Gebieten vor. Kontrollieren Sie Ihren Hund nach dem Spaziergang auf Zecken.

Gegenüberliegende Seite: Eine Aufnahme eines Hunde- oder Katzenflohs, *Ctenocephalides*, durch ein Elektronenmikroskop mehr als 100-fach vergrößert und zur besseren Darstellung farblich gestaltet.

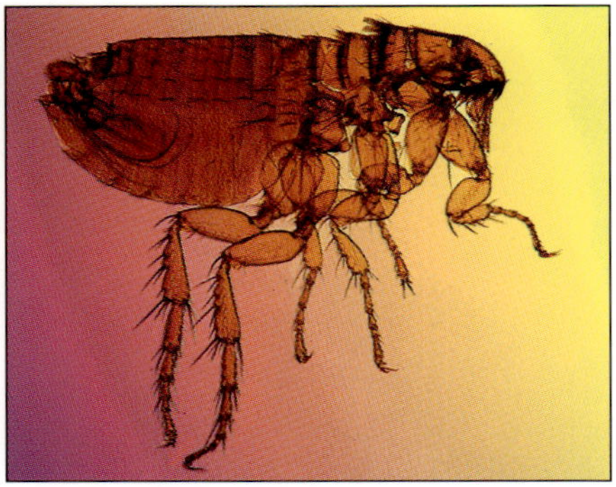

Männliche Katzenflöhe *Ctenocephalides felis* wurden in der Vergangenheit auch bei Hunden häufiger entdeckt.

Mittel wie gegen Flöhe. Die Lebenserwartung einer Zecke liegt zwischen einer Woche und sechs Monaten, abhängig von den jeweiligen Umgebungsbedingungen. Zecken können weder hüpfen noch fliegen, aber sie können langsam krabbeln und dadurch den schlafenden Hund erreichen. Oder sie lassen sich einfach von Büschen oder Bäumen fallen und saugen sich am Hund fest.

Die bekanntesten durch Zecken auf den Menschen übertragenen Krankheiten sind wohl die FSME und die Borreliose (Lyme-Krankheit). FSME (Frühsommer Meningo-Enzephalitis) ist der Fachausdruck für die durch einen Virus verursachte Hirnhautentzündung. Die Lyme-Borreliose wird durch Borrelia-Bakterien übertragen. Frühzeitig erkannt, kann sie mit Antibiotika behandelt werden. Im Gegensatz zur Bakterien-Infektion Borreliose kann man sich vorbeugend gegen FSME impfen lassen. Gegen das Virus FSME gibt es wiederum kein therapeutisches Medikament.

Milben

Unterschiedliche durch Milben hervorgerufene Hautprobleme, bezeichnet man oft als Räude. Am häufigsten begegnen wir Ohrmilben, Sarkoptes-Milben oder Cheyletiella-Milben. Demodikose wird mit einem Befall durch Demodex-Milben assoziiert. Sie gilt allerdings als nicht übertragbar.

Der häufigste Erreger der Räude bei Hunden ist die extrem schnell übertragbare Ohrmilbe. Schon beim Kauf des Welpen sollte darauf geachtet werden, dass alle Hunde des Züchters frei von dieser Milbenplage sind. Als Überträger kommen jedoch auch andere Haustiere in Frage, mit denen der Hund Kontakt hat. Obwohl es sich bei Ohrmilben um einen Schmarotzer handelt, der kaum eine ernsthafte Gefahr darstellt, sollte der Tierarzt dennoch ein geeignetes Gegenmittel verschreiben. Der ständig starke Juckreiz irritiert den Hund und führt zu übermäßigem Kratzen. Dies wiederum führt zu Verletzungen der Haut, die in Infektionen

Ein Floh in Aktion – dies vergrößerte Foto von Dwight R. Kuhn zeigt einen springenden Floh auf einem Hunderücken.

Lebenszyklus eines Flohs

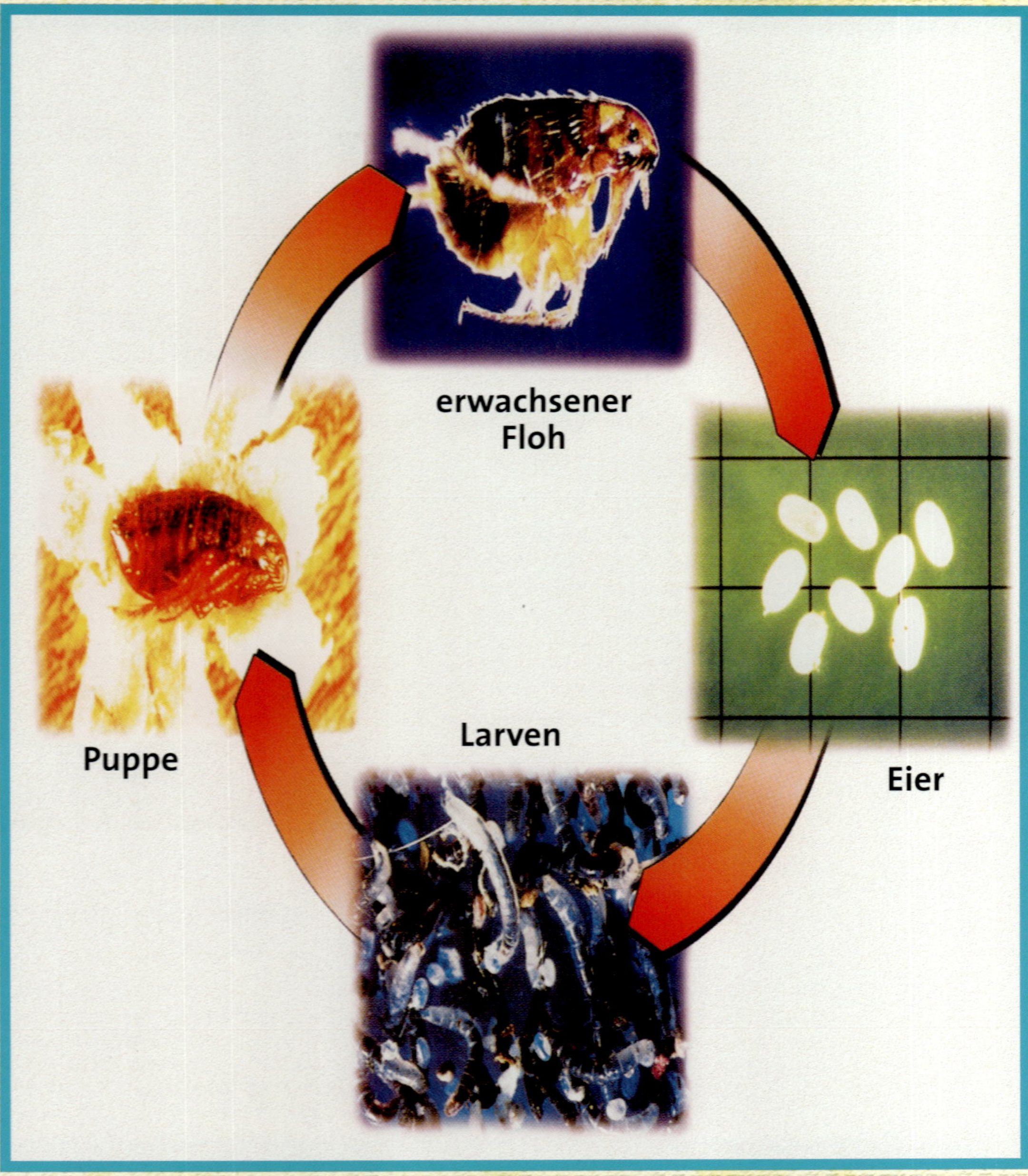

ausarten können. Eine Behandlung des gesamten Körpers ist in den meisten Fällen erfolgreich. Milbenarten können entweder mit dem bloßen Auge, einer Lupe oder durch Hautgeschabsel vom Tierarzt identifiziert und effektiv bekämpft werden.

Endoparasiten

Sehr viele Lebewesen – Fische, Vögel und Säugetiere, einschließlich Hund und Mensch – haben Würmer und andere im Körper lebende Parasiten.

Eier eines Hundeflohs.

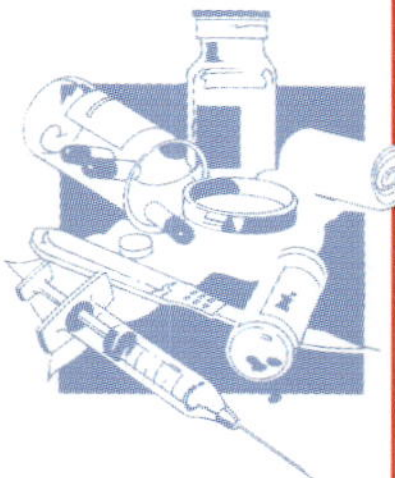

Wirksame Antiflohmittel

Es gibt zwei verschiedene Möglichkeiten bei der Bekämpfung von Flöhen. Erstens sollten Sie Ihr Haustier behandeln und zweitens ist es unerlässlich, Ihr Haus und die unmittelbare Umgebung Ihres Hundes mit einzubeziehen. Erwachsene Flöhe stellen weniger als 1% der Flohpopulation dar. Die restlichen 99% bestehen aus Eiern, Larven und Puppen. Sie befinden sich in der Umgebung des Hundes. Für die Anwendung innerhalb des Hauses eignet sich ein Produkt, das einen Insektenwachstumsregler (IWR) beinhaltet. IWRs stellen in ihrer Verwendung eine neue Zusammensetzungen dar, die den Entwicklungszyklus der Insekten verhindern sollen. Sie töten das Insekt nicht vollständig, sondern nutzen den biologischen Entwicklungsprozess um sein Wachstum zu beenden. Weltweit sind hierbei Produkte führend, die Methoprene enthalten. Flöhe und andere Insekten kontrollierende Präparate schützen das Haus und die Umgebung bis zu sieben Monate lang.

Stille Wasser sind nicht nur tief ...

Erlauben Sie Ihrem Hund nie, in einem Ihnen völlig fremden Gewässer zu schwimmen. Sogar bei klarem Wasser kann die Wasserqualität nicht einwandfrei sein. Beheimatete Parasiten können bei Hunden ernst zu nehmende und tödliche Krankheiten verursachen. Besonders gefährlich sind Uferbereiche, in denen Wasservögel und andere Tiere leben.

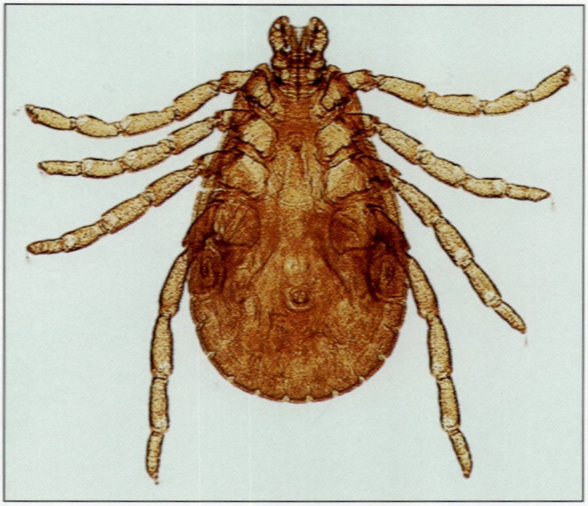

Die braune Hundezecke *Rhipicephalus sanguineus* ist eine seltene, jedoch jedes Jahr wiederkehrende Art, die auf Hunden gefunden wird.

Der Fischpathologe, Dr. Herbert R. Axelrod, spricht von zwei Typen von Parasiten, den Schlauen und den Dummen. Die Schlauen leben mit ihrem Wirt in Symbiose, ohne ihm zu schaden, während die Dummen ihren Wirt töten können. Fast alle Wurminfektionen sind leicht zu kontrollieren. Wird der Hund jedoch nicht entwurmt, kann es zu weiteren Erkrankungen führen.

Spulwürmer

Die Hunde-Spulwürmer sind wissenschaftlich als *Toxocara canis* bekannt. Sie leben im Darmtrakt des Hundes und legen ständig Eier ab. Man schätzt, dass ein Hund jeden Tag etwa hundert Gramm Kot produziert. Jedes Gramm enthält durchschnittlich 10 000 bis 12 000 Spulwurmeier. In allen Bereichen, in denen sich Hunde in der Natur aufhalten, finden sich auch Eier von Spulwürmern. Die größte Gefahr ist, dass Spulwürmer auch auf Menschen übertragen werden! Es ist wichtig, den Hund regelmäßig auf Spulwürmer untersuchen zu lassen.

Der Spulwurm *Toxascaris leonina* durchläuft während seiner Entwicklung eine Wanderung durch den ganzen Körper. Durch den Kot von Mäusen etc. werden Eier aufgenommen. Die Larve wird im Darm frei und entwickelt sich in der Darmwand. Bei Welpen kann es zu Wachstumsstörungen und Lungenent-

Menschenläuse ähneln Hundeläusen, da sie nahe Verwandte sind.

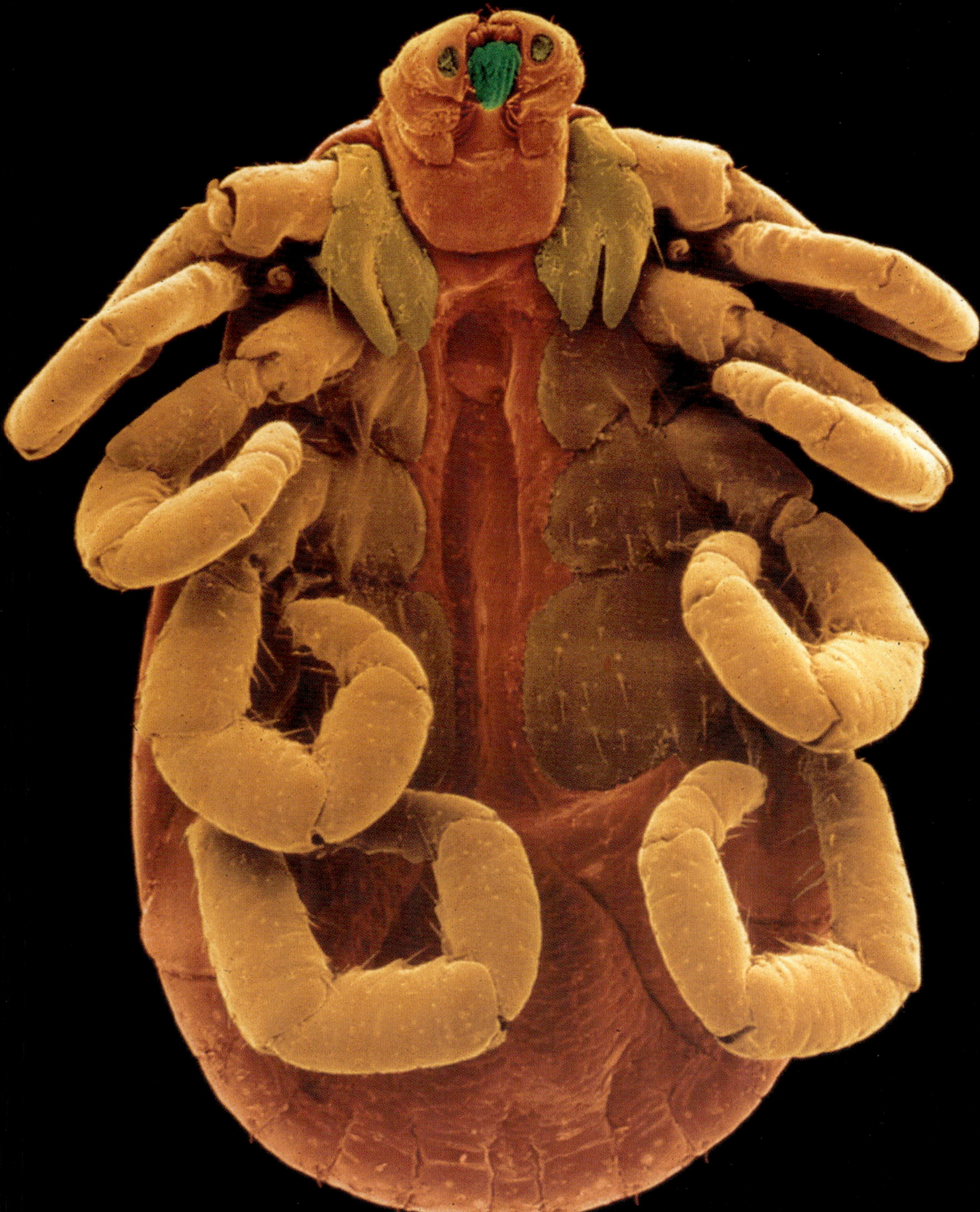

Eine Hirschzecke, Träger der Lyme-Krankheit.

Bild gegenüber: Die Hundezecke, Dermacentor variablis, ist möglicherweise die häufigste Zecke beim Hund. Sehen Sie die acht starken Beine? Es ist kein Wunder, daß die Zecke so schlecht zu entfernen ist!

Eine eher selten vorkommende Zecke der Gattung Ixode, zehnfach vergrößert.

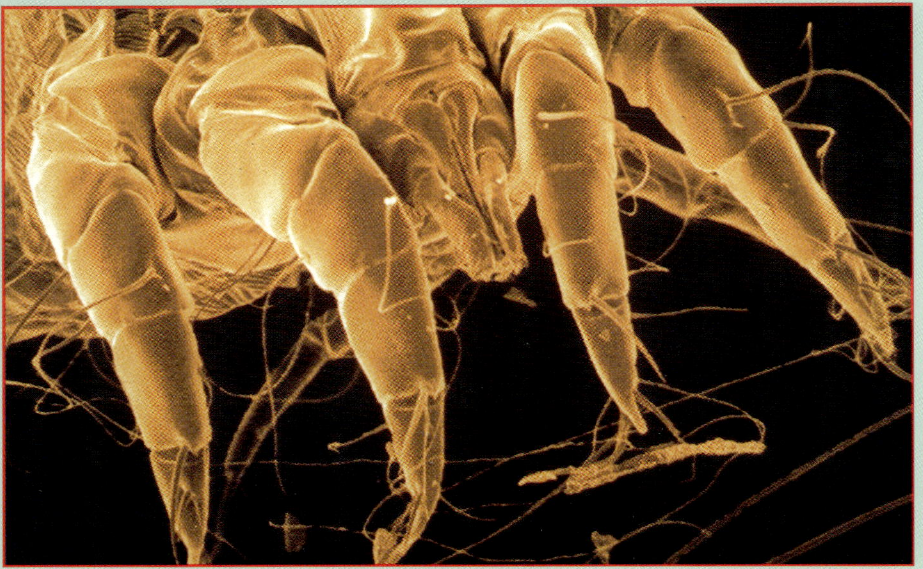

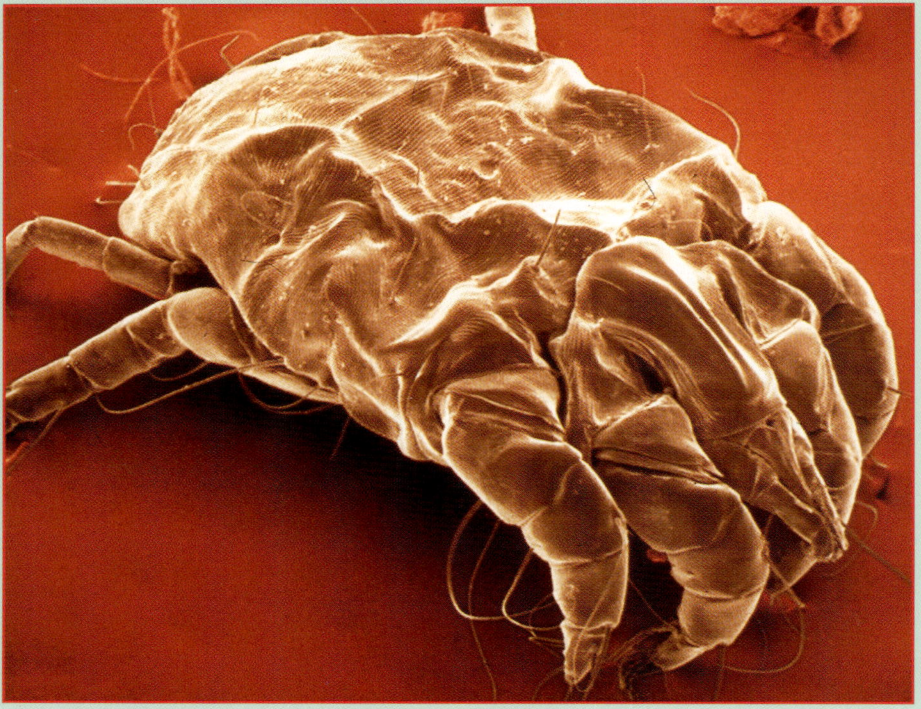

Zwei vergrößerte Aufnahmen der Räudenmilbe *Psoroptes bovis*.

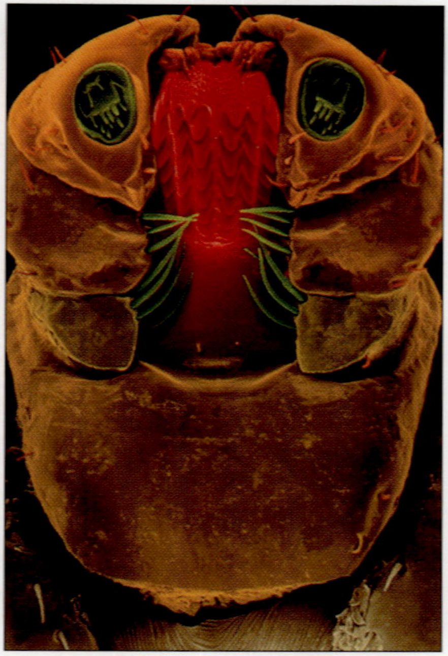

Vergrößerung des Kopfes einer Hundezecke *Dermacentor variablis*.

Hakenwürmer

Der Hakenwurm *Ancylostoma caninum* ist ebenfalls für Menschen und Katzen gefährlich. Er hat Zähne, mit denen er sich im Dünndarm des Hundes festbeißt. Hakenwürmer sind Blutsauger. Weil der Wurm seinen Standort etwa sechsmal am Tag ändert, verliert der Hund sehr viel Blut, was blutigen Durchfall, Abmagerung und Anämie verursachen kann und bei Nichtbehandlung zum Tod des Hundes führt. Die mit dem Kot ausgeschiedenen Eier entwickeln sich außerhalb ihres Wirts und gelangen als Larve über die Haut zurück in den Körper des Hundes. Im Darm angelangt, entwickeln sie sich zum erwach-

Regelmäßige Entwurmung

Die Entwurmung der Welpen ist wichtig, weil einige Würmer auch auf den Menschen übertragbar sind wie Bandwürmer, Hakenwürmer oder Spulwürmer.
Der Züchter beginnt mit dem Entwurmungsprogramm für die Welpen im Alter von zwei Wochen, da auch bei Wurmfreiheit der Mutterhündin, die durch die Hormone des Geburtsvorgangs in der Muskulatur freigesetzten Larven an die Welpen übertragen werden können. Auch die Mutterhündin erhält im gleichen Zeitraum ein Entwurmungspräparat, um die Welpen nicht erneut zu infizieren. Im 14tägigen Rhythmus wird eine Wiederholung durchgeführt, bis der Welpe mit etwa 3 Monaten Wurmfrei ist.
Ihr Züchter sollte mit Ihnen das Entwurmungsprogramm durchsprechen und Sie über Einzelheiten beraten. Auch Ihr Tierarzt kann Ihnen einen Entwurmungsplan ausarbeiten.
Es ist nicht ratsam, den Welpen mit irgendwelchen Medikamenten zu behandeln. Fragen Sie stets Ihren Tierarzt nach geeigneten Wurmpräparaten.

zündungen mit Nasenausfluss führen. Bei starkem Wurmbefall zeigen sie einen aufgeblähten Bauch. Dies kann zu Darmverschluss mit Erbrechen führen. Gelegentlich kommt es zu Durchfall. Eine intensive Entwurmung ist in Absprache des Tierarztes unbedingt erforderlich. Eine regelmäßige Reinigung des Zwingers ist ebenso wichtig, wie das Fernhalten des Hundes von fremdem Kot. Nach der Grundentwurmung beim Züchter sollte eine regelmäßige Entwurmung durch den neuen Besitzer erfolgen.
Alle Spulwurmarten sind durch die Freisetzung der Eier im Muttertier bereits über die Muttermilch, auf den Welpen übertragbar.

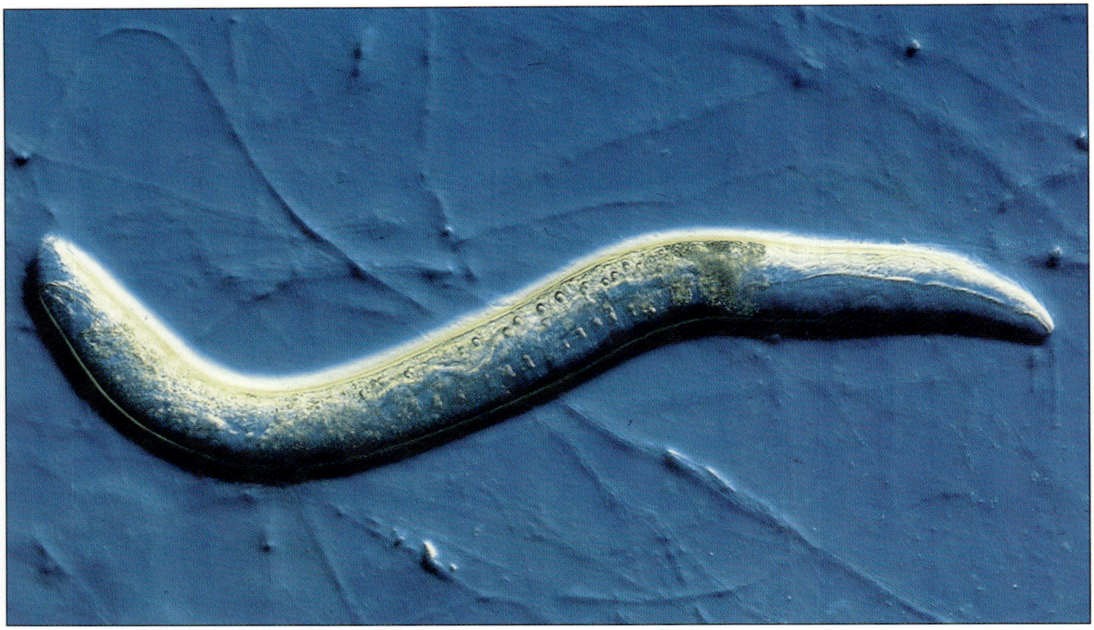

Zwei Abbildungen des Spulwurms *Rhabditis*. Der Spulwurm kann Menschen ebenso wie Hunde befallen.

senen Wurm. Hakenwürmer werden mit geeigneten Wurmpräparaten auf Anweisung des Tierarztes bekämpft. Ausstellungs- und Haushunde werden selten infiziert, eher solche Hunde, die Zugang zu Grasland haben.

Würmer sind nicht zu unterschätzende Parasiten

Menschen, Ratten, Mäuse, Eichhörnchen, Füchse, Wölfe und Hunde sind allesamt für Bandwurminfektionen anfällig. Nur für Menschen und Welpen stellen Bandwürmer jedoch ein lebensbedrohendes Problem dar.

Infizierte können bis zu eintausend parasitierende Würmer beherbergen. Bandwürmer sind zweigeschlechtig, was soviel heißt, dass es Männchen und Weibchen gibt, wohingegen viele andere Würmer eingeschlechtig sind, also jeweils über beide Geschlechtsanlagen verfügen.

Wenn Hunde infizierte Ratten oder Mäuse fressen, werden sie mit dem Bandwurm infiziert. Einen Monat nachdem sich der Wurm im Darm seines Wirtes festgesetzt hat, beginnt er mit der Ausscheidung von Eiern, die umgehend infektiös sind und mehrere Monate ohne Wirt überleben können.

Spul-, Haken-, Peitschen- und Bandwürmer sind nur einige der Wurmarten, die bekanntermaßen Hunde befallen.

Männlicher und weiblicher Hakenwurm *Ancylostoma caninum*. Sie kommen gewöhnlich bei Haushunden oder Ausstellungshunden nicht vor. Hakenwürmer befallen Hunde, die dem Grasland ausgesetzt sind und häufig damit in Kontakt kommen.

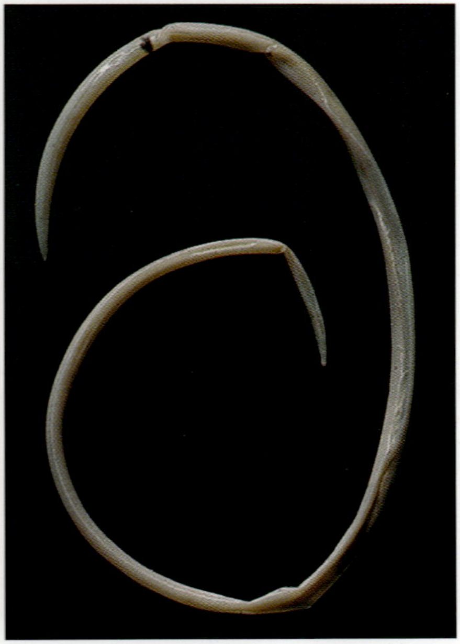

Der Spulwurm *Rhabditis*.

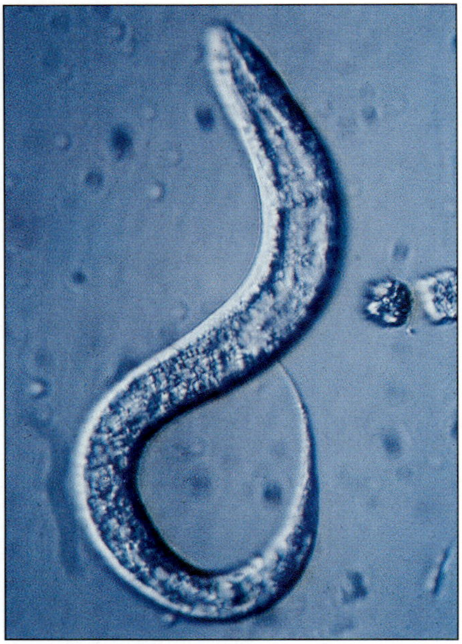

Das infektiöse Stadium der Hakenwurmlarve.

Bandwürmer

Es gibt viele Arten von Bandwürmern. Der Hundebesitzer kann die nudelartigen Bandwurmglieder mit bloßem Auge im Hundekot erkennen. Eine Infizierung von Hund zu Hund ist nicht möglich. Der Bandwurm *Dipylidium caninum* oder Gurkenbandwurm wird durch Flöhe übertragen! Der Hund frisst den Floh und startet auf diese Weise den Bandwurmzyklus. Während eine Bandwurminfektion das Leben des Hundes nicht sonderlich beeinflusst, kann sie beim Menschen die Ursache einer sehr ernsten Lebererkrankung sein.

Besondere Aufmerksamkeit gilt dem Fuchsbandwurm *Echinococcus multilocularis*. Er verursacht bei seinem Zwischenwirt Zysten in Leber, Lunge oder

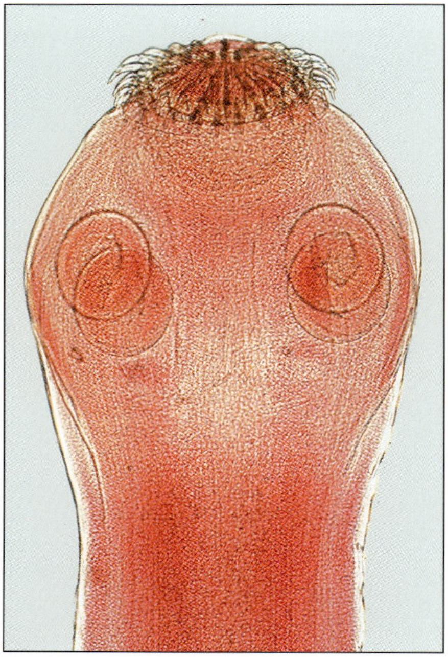

Kopf und Saugnäpfe (Rostellum) eines Bandwurms, der Hunde und Menschen befallen kann.

Spulwurmbefall

Mittelgroße Hunde können täglich 1 360 000 Spulwurmeier produzieren. Als Beispiel: Wenn man die Gesamtzahl von Hunden weltweit auf 1 Million ansetzt, produzieren sie 1 300 Metertonnen (Kubikmeter) Kot. Dieser Kot ist mit 15 000 000 000 Spulwurmeiern befallen. Achten Sie deshalb sehr sorgfältig darauf, wo Ihr Hund seinen Kot absetzt, damit es nicht zu Verunreinigungen beispielsweise auf Kinderspielplätzen kommt. Da normale Reinigungsmittel die Spulwürmer nicht abtöten, sollten Sie eine regelmäßige Entwurmung nicht versäumen. Welpen setzen bereits im Alter von drei Wochen Spulwurmeier in ihrem Kot ab, weil diese durch die Muttermilch der Hündin übertragen werden können. Fragen Sie auch Ihren Züchter nach seinem Entwurmungsplan für Hunde.

Gehirn. In diesen Zysten wachsen wiederum viele kleine Bandwürmer heran, mit denen sich der Hund infiziert und die sich dann in seinem Darm zu Würmern entwickeln. Das Fatale für den Menschen ist, dass die Larve des Bandwurms bis zu fünfzehn Jahre unentdeckt in der Leber heranwachsen und dort wie ein Tumor wuchern kann. Eine derart späte Diagnose führt unweigerlich zum Tod.

Der Fuchsbandwurm ist hauptsächlich im süddeutschen Raum in gebirgigen Arealen sowie in der Schweiz und Österreich verbreitet. Die Infizierung erfolgt durch die Aufnahme von Nagetieren und durch die Aufnahme zystenhaltiger Leber von Schafen, Schweinen oder Rindern. Um eine Infektion zu verhindern, sollte ausschließlich gekochtes Fleisch verfüttert werden. Rechtzeitig erkannt, kann der Fuchsbandwurm heute erfolgreich mit Medikamenten behandelt werden. Damit keine Ansteckung auf den Menschen erfolgt, sollte bei der Entwurmung des Hundes äußerste Reinlichkeit vorausgesetzt werden. Die extrem widerstandsfähigen Eier sind auf den Menschen übertragbar, zum Beispiel wenn Sie an Waldbeeren haften, die der Mensch verzehrt.

Herzwürmer

Herzwürmer sind dünne, bis zu dreißig Zentimeter lange Würmer, die in der Leber und den großen, das Herz umgebenden Blutgefäßen ihres Wirts leben. Hunde können bis zu 200 dieser Würmer haben! Die Symptome sind Energieverlust, Appetitlosigkeit, Husten, Anämie und die Entwicklung eines aufgeblähten Abdomens.

Die Gebißpflege

Hunde infizieren sich meist über die Schnauze. Sie sollten auf die Zahnpflege besonderen Wert legen, denn Sie sind für die Gesundheit Ihres Hundes verantwortlich. Tierärzte warnen, dass Zahnbelag und Zahnstein das Zahnfleisch beschädigen und Karies ermöglichen. Bakterien können so in die Blutbahn gelangen und ernste Schäden an lebenswichtigen Organen verursachen. Studien zeigen, dass 50 Prozent der Hunde eine Zahnfleischerkrankung bereits im Alter von drei Jahren haben. Tägliche oder wöchentliche Zahnreinigung verlängert das Leben Ihres Lieblings.

Die Herzwurm-Parasitose ist in Deutschland nicht heimisch, denn der Überträger des Parasiten (*Dirofilaria immitis*) ist eine in Deutschland nicht heimische Mückenart. Dennoch kann sich Ihr Hund infizieren, wenn Sie ihn mit in ein gefährdetes Land nehmen, dazu gehören die USA, Afrika und der Mittelmeerraum. Der Erreger lebt im Herzgewebe sowie den angrenzenden Blutgefäßen der Lunge. Seine Larven, die Mikrofilarien, leben im Blut. Beim Blutsaugen nimmt die Mücke die Larven auf und gibt sie an andere Hunde weiter. Es gibt auch die Übertragung der Mutter auf ihre Welpen.

Es handelt sich um eine lebensgefährliche Parasitose, deren Behandlung langwierig und teuer ist. Eine Infektion kann verhindert werden, indem Sie Ihren Hund vor dem Reiseantritt in gefährdete Länder beim Tierarzt impfen lassen. Bluttests zum Nachweis sind nicht immer zuverlässig, achten Sie nach Reisen besser auf die genannten Symptome.

Der Herzwurm *Dirofilaria immitis*.

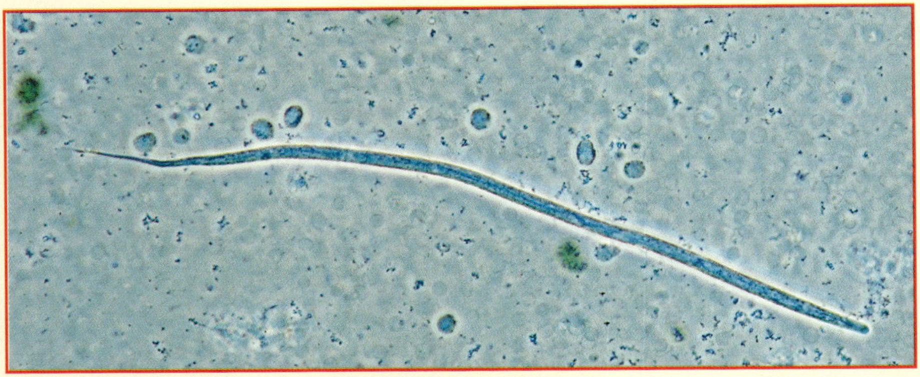

Vergrößerte Herzwurmlarve, *Dirofilaria immitis*.

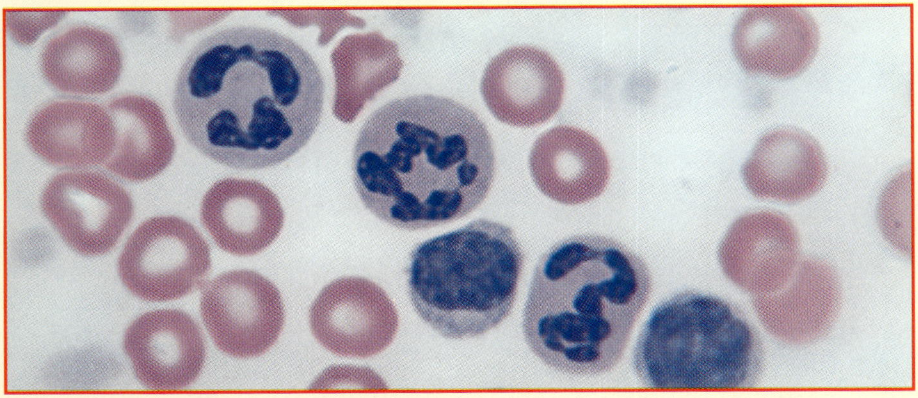

Das Herz eines Hundes, befallen vom Hunde-Herzwurm *Dirofilaria immitis*.

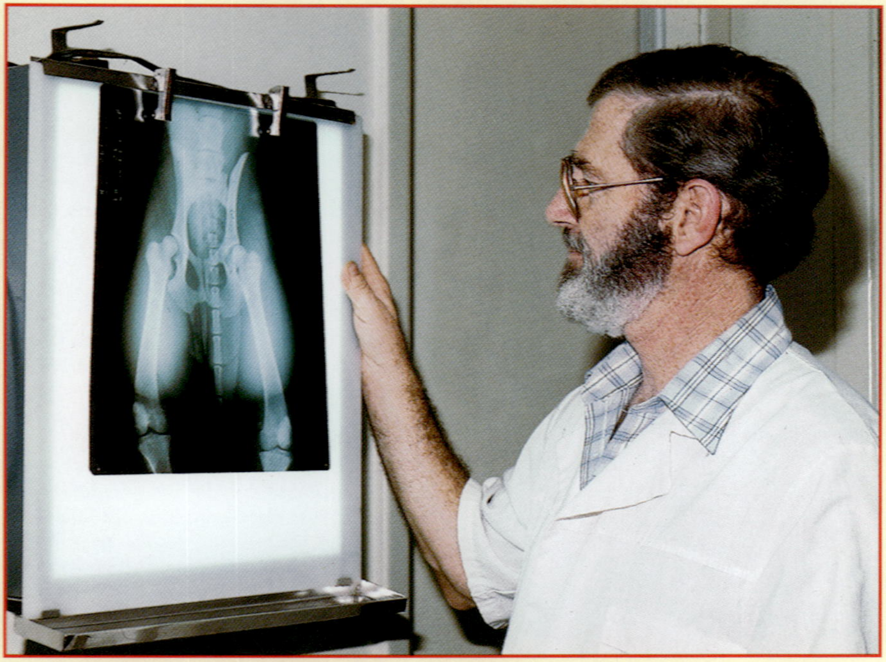

Oben: Die Röntgenaufnahme eines Hundes mit Hüftgelenksdysplasie. Diese Diagnose kann nur anhand einer Röntgenaufnahme gestellt werden, die von einem erfahrenen Tierarzt korrekt interpretiert wird.

Unten: Der laterale (linke Abbildung) und der gebeugte laterale Ellenbogen (rechte Abbildung) eines dreijährigen Hundes weist eine Ellenbogendysplasie mit dazugehörigen Problemen auf (akute, zunehmende Lahmheit des rechten Vorderlaufes).

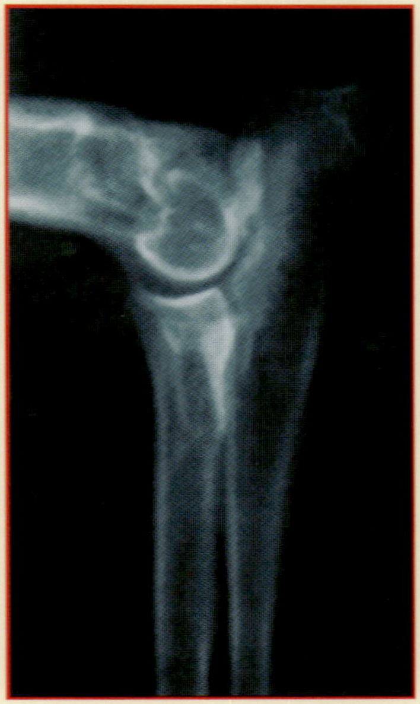

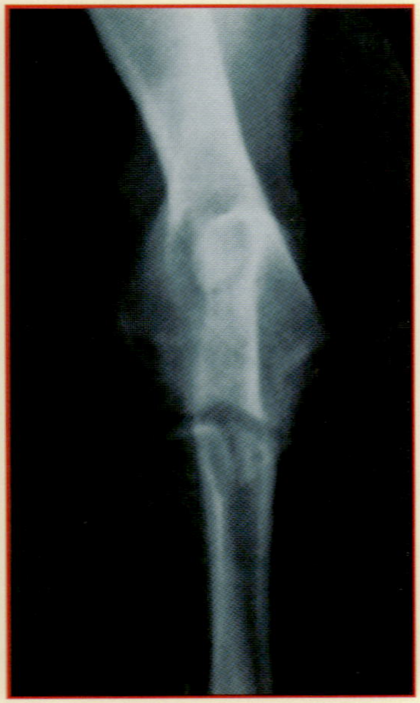

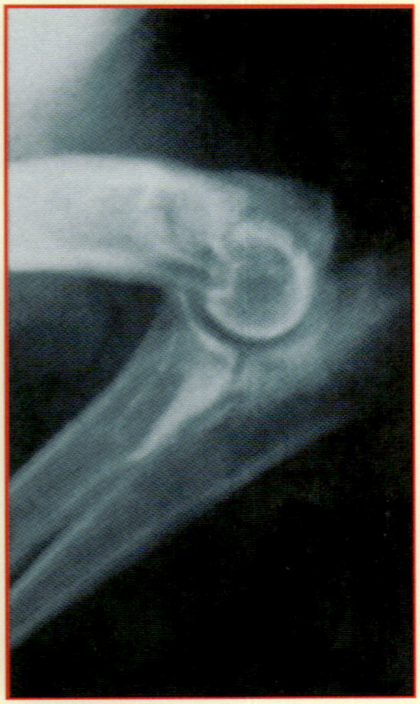

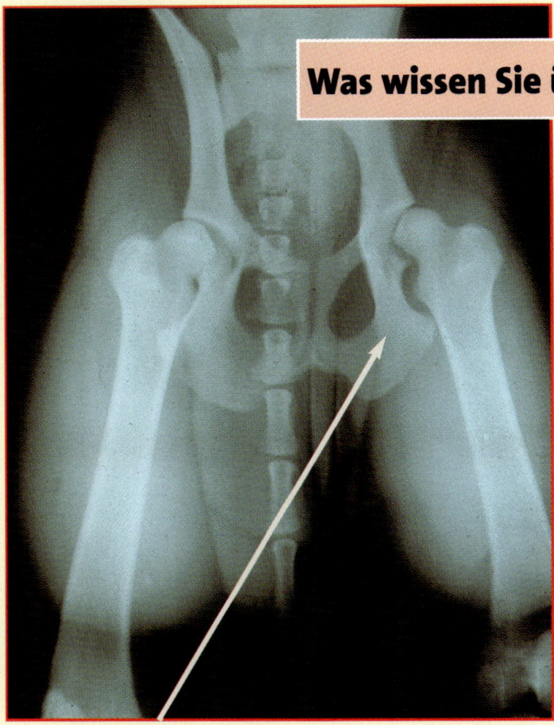

Was wissen Sie über Hüftgelenksdysplasie?

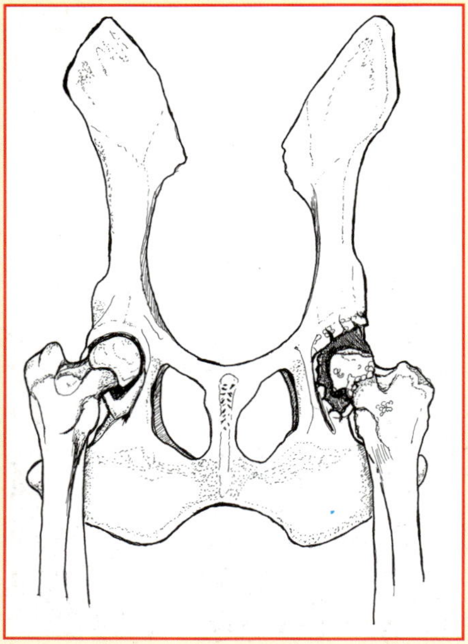

Die Hüftgelenksdysplasie ist das häufigste Skelettproblem bei größeren Hunden, wobei allerdings alle Hunderassen betroffen sein können. Die Abbildung zeigt auf der linken Seite ein gesundes Hüftgelenk und ein krankes Hüftgelenk auf der rechten Seite, auf dem Foto ist es genau umgekehrt.

Seit vielen Jahren gehört in der Rassehundezucht die HD-Untersuchung mit entsprechendem Ergebnis zu den festgelegten Zuchtvoraussetzungen. Es ist falsch zu glauben, daß Rassehunde mehr von der Hüftgelenksdysplasie, der sogenannten HD, befallen sind als Mischlingshunde. Hüftgelenksdysplasie ist deshalb so bekannt, weil sie zu den Krankheiten gehört, über die in der Veterinärmedizin die meisten Untersuchungsergebnisse vorliegen. So hat man in der Rassehundezucht stets kontrollierbare Nachweise über den Krankheitsstand in der jeweiligen Rasse.

Was heißt nun HD? Bei einem positiven HD-Befund liegen die Gelenkköpfe der Hinterläufe nicht korrekt in der Gelenkpfanne. Je älter ein Hund wird und je mehr das Gelenk beansprucht wird, um so mehr kann sich diese Situation verschlechtern. Die Hüfte wird immer loser in der Gelenkpfanne gehalten. Dies kann zu Deformierungen und Kalkablagerungen führen, die wiederum Arthrose hervorrufen und Schmerzen aufweisen. Der Nachweis eines HD-freien Hundes erfolgt über ein Röntgenbild, das von einem Experten ausgewertet wird. Das Röntgenbild sagt aus, ob Ihr Dalmatiner von einem leichtem, mittleren oder schweren HD-Grad betroffen ist. Schwere HD kommt beim Dalmatiner äußerst selten vor. Bei HD-Befall müssen Sie einiges beachten, um dem Hund den Bewegungsablauf zu erleichtern. Oft muß auch der Futterplan in diese Erkenntnis mit einbezogen werden. Mit leichter oder mittlerer HD kann ein Hund oft völlig schmerzfrei leben. Bei Hunden mit schwerer HD ist eine Operation meist unumgänglich. Obwohl diese Maßnahme sehr teuer ist, ist sie die einzig mögliche Alternative, den Hund erfolgreich schmerzfrei zu halten. Tiere mit höheren HD-Graden sollen in der Zucht nicht eingesetzt werden.

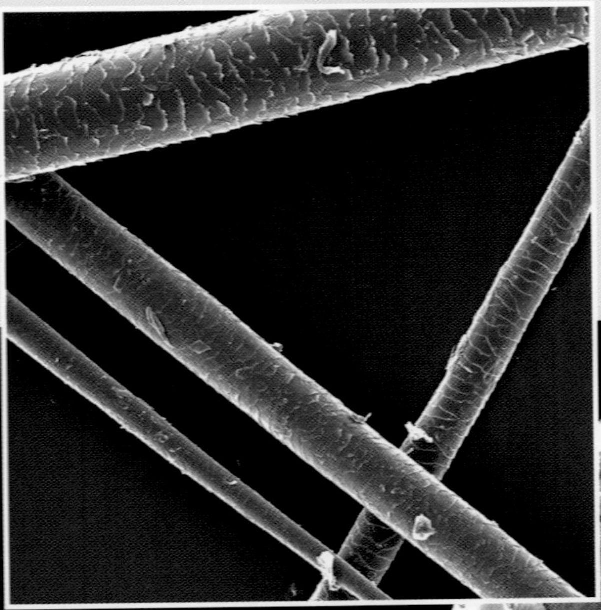

Links: Die Haare des Dalmatiners können unterschiedlich dick sein, wie diese Aufnahme bei 80-facher Vergrößerung zeigt.

Unten: Das Haar eines Dalmatiners bei 600-facher Vergrößerung.

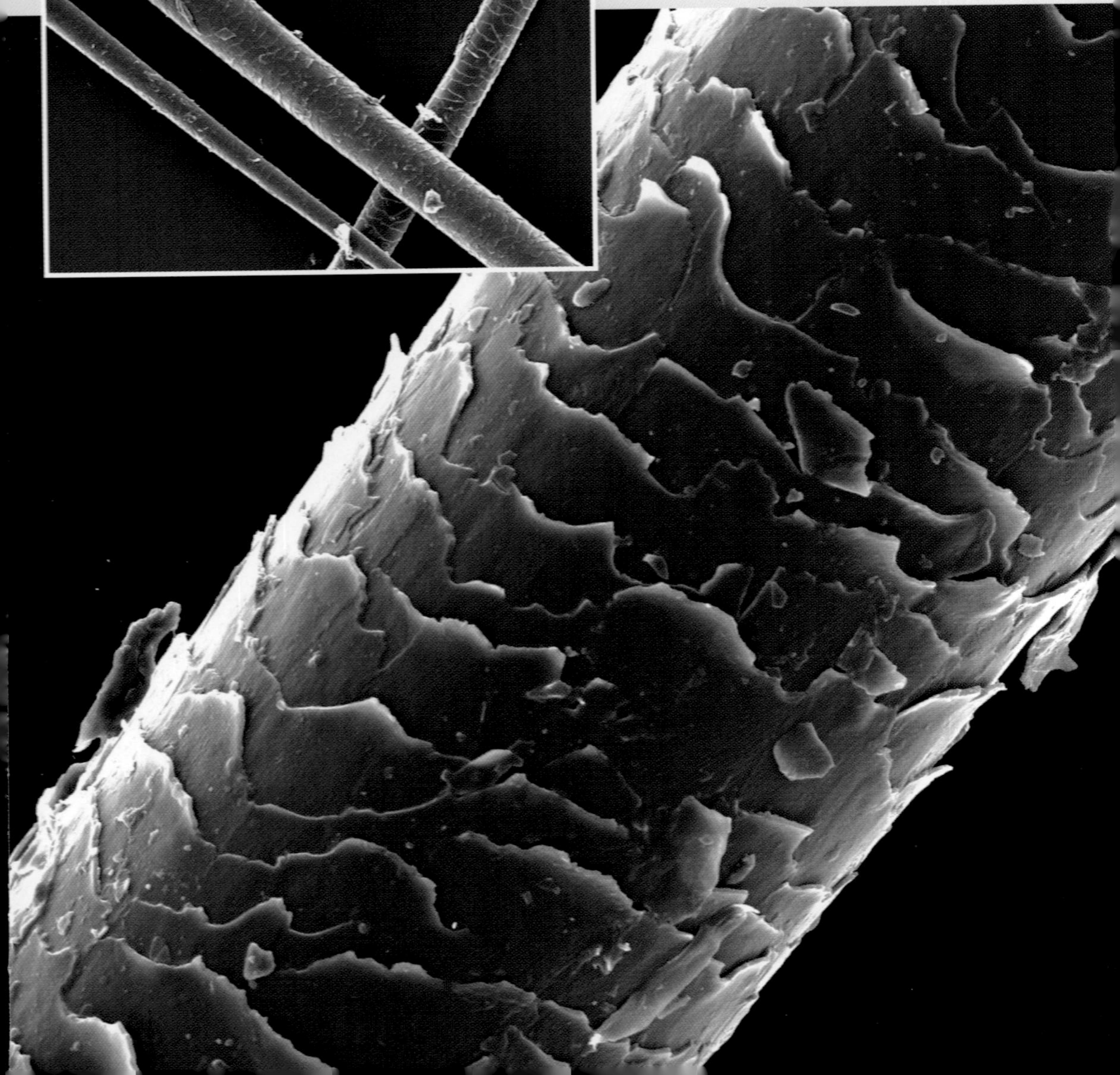

Wenn Ihr Dalmatiner alt wird

Ein gesunder Dalmatiner kann durchaus fünfzehn Jahre alt werden.

Der alternde Dalmatiner

Das Wort „alt" ist relativ zu betrachten. Wir können zwischen einem Welpen und einem erwachsenen Dalmatiner natürlich wesentliche Unterschiede feststellen, aber ab wann ist ein erwachsener Hund alt? Einen alten Hund erkennt man an äußeren Anzeichen, wie dem tieferen Gesichtsausdruck und der Ergrauung der Gesichtshaare. Im wesentlichen können wir aber beobachten, dass seine Aktivität in vielen Dingen eingeschränkt ist. Sein Spiel ist nicht mehr so ausdauernd, sein Laufen wird langsamer. Oft möchte er einfach nur seine Ruhe haben und sich zurückziehen. Alte Hunde ähneln kleinen Welpen in vielen Punkten. Sie brauchen viel Schlaf und Erholung. Außerdem ist es auch davon abhängig, ob ein Dalmatiner ein aktives Leben führt und dadurch lange jung und fit gehalten wird oder nicht.

Anders als bei anderen reinrassigen Hunden, die vielleicht nur durchschnittlich acht bis neun Jahre alt werden, liegt die Lebenserwartung eines Dalmatiners etwa bei fünfzehn Jahren. Hunde brauchen ungefähr drei Jahre, bis sie ausgereift sind. In dieser Phase durchlaufen sie die Zeit vom Saugwelpen, Welpen, Junghund bis zum erwachsenen Hund. Man kann sagen, dass ein dreijähriger Dalmatiner von seinem körperlichen und geistigen Entwicklungsstand einem 21-jährigen Menschen entspricht. Als älterer Hund wird ein Dalmatiner ab einem Alter

von ungefähr acht bis zehn Jahren bezeichnet. Dies ist abhängig von seiner Kondition und Konstitution. Die nachfolgenden Mensch-Hund Altersstrukturen zeigen die Entwicklung im Vergleich, können jedoch nur als Anhaltspunkte dienen. Verschiedene Phasen des Hundes verlaufen viel schneller als andere und sind nicht mit denen des Menschen vergleichbar.

Worauf Sie beim älteren Hund achten müssen

Viele Tierärzte und Verhaltensforscher sehen die „Sieben-Jahre-Altersschwelle" als den Zeitpunkt an, an dem man den Hund als Senior bezeichnen kann.

CDS: COGNITIVE DYSFUNCTION SYNDROME

„Alter Hund Syndrom"

Es gibt viele Möglichkeiten, die Merkmale eines alternden Hundes zu bewerten. Tierärzte haben das allmähliche Nachlassen verschiedener Fähigkeiten unter dem Begriff „CDS" (Cognitive Dysfunction Syndrom) zusammengefaßt. Wenn der Hund seine normalen Gewohnheiten verändert und eine organische Erkrankung ausgeschlossen wurde, dann sind diese Dinge altersbedingte Veränderungen.

Mehr als die Hälfte aller Hunde, die älter als acht Jahre sind, leiden an diesen Symptomen. Je älter, um so häufiger treten diese Dinge auf.

Folgende vier Anzeichen sind für CDS charakteristisch:

Häufige Zwischenfälle mit der Stubenreinheit

Andere Schlafgewohnheiten

Verwirrtheit

Fehlende Reaktion auf soziale Annäherungen

Symptome von CDS:

Häufige Probleme mit der Stubenreinheit

- ❒ Urinieren im Haus
- ❒ Absetzen von Kot im Haus
- ❒ Zeigt nicht an, wenn er hinaus muss

Schlafgewohnheiten

- ❒ Bewegt sich sehr langsam
- ❒ Schläft am Tag mehr als normal
- ❒ Schläft nachts weniger als normal
- ❒ Geht ziel- und lustlos umher

Verwirrung

- ❒ Geht hinaus und bleibt stehen
- ❒ Erscheint verwirrt, abwesender Blick
- ❒ Verkriecht sich oft
- ❒ Erkennt Freunde nicht
- ❒ Kommt nicht, wenn er gerufen wird

Fehlende Reaktion auf äußere Anregungen

- ❒ Reagiert nicht auf soziale Kontakte
- ❒ Nimmt weniger Kontakt zu Menschen auf, egal ob er gerufen wird oder nicht
- ❒ Mag nur kurze Zeit gestreichelt werden
- ❒ Kommt zur Begrüßung nicht an die Tür, wenn man nach Hause kommt.

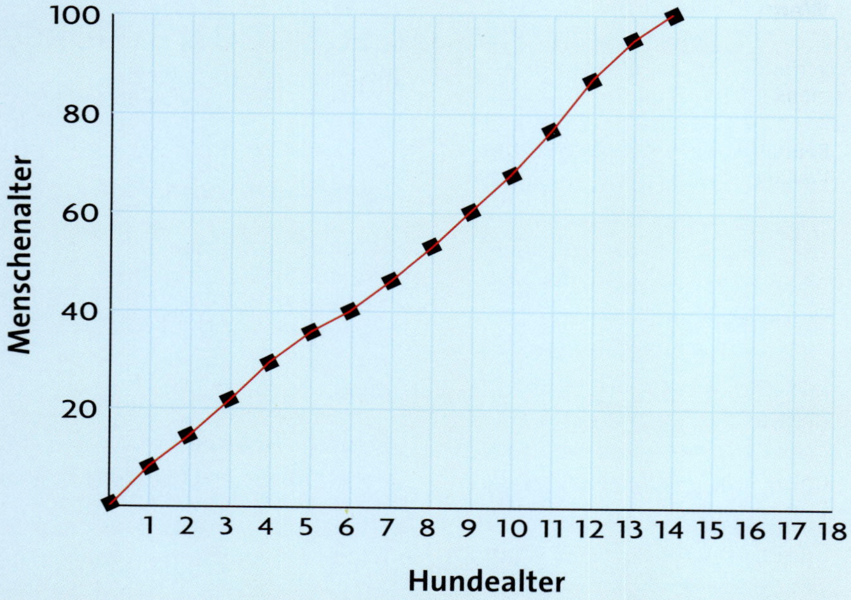

Symptome des Alters

Ein alter Hund zeigt eines oder mehr der folgenden Symptome:

- Die Haare im Gesicht und an den Pfoten werden grau. Die Verfärbung beginnt gewöhnlich um die Augen und das Maul herum.
- Der Bewegungsablauf wird zunehmend langsamer, und der Hund verweigert die Teilnahme an Aktivitäten, die ihm früher Freude gemacht haben.
- Er frisst weniger.
- Die Reaktion auf Rufe, Pfiffe und andere Signale erfolgt zunehmend verzögert.
- Bei Augenkontakt wird Zurückhaltung signalisiert, und es kommt oftmals noch nicht einmal mehr zum Schwanzwedeln.

Die Bezeichnung Senior bedeutet nicht, dass der Hund sofort alt ist und geistig und körperlich auf der Stelle zusammenfällt. Älterwerden ist im Grunde genommen ein langsamer Prozess. Menschen geben bereitwillig zu, dass ihre Aktivitäten in den Altersstufen zwischen zwanzig und dreißig Jahren und dann zwischen dreißig und vierzig Jahren sehr unterschiedlich verlaufen.

Besitzer älterer Hunde sind durch Mithilfe des Tierarztes in der Lage, bestimmte therapeutische und vorbeugende medizinische Maßnahmen durchzuführen. Ein Vorsorgeprogramm beinhaltet eine eingehende Untersuchung ebenso wie eine Ernährungsberatung und sollte möglichst zweimal jährlich durchgeführt werden.

Wenn Ihr Dalmatiner alt wird, sollten Sie auf folgende Symptome achten :

Wenn Sie folgendes bemerken	könnte es bedeuten
Verfärbungen der Zähne und des Gaumens, Mundgeruch, Appetitlosigkeit	Abszess, Verletzungen im Gaumen, Entzündungen im Gaumen, kranke Zähne
Beulen, Hautveränderungen, Zysten, Warzen, Tumore	Beginnender oder fortgeschrittener Krebs
Trüber Blick, Verlust von Sehkraft	Grauer Star, Linsenverkrümmung, PRA, Blindheit
Fleckiges Fell, Haarausfall	Hormonprobleme, Schilddrüsenprobleme
Fettleibigkeit, Appetitlosigkeit, extreme Gewichtsveränderungen	Verschiedene Ursachen
Unkontrollierter Absatz von Kot und Urin	Diabetes, Nieren oder Blasenprobleme
Übersteigerter Durst	Nierenprobleme, Diabetes
Schlafstörungen, Husten	Herzprobleme
Veränderungen im Bewegungsablauf	Arthritis, degenerative Knochenveränderungen, Spondilose

Wenn Sie als Besitzer eines dieser Anzeichen bei Ihrem Hund wahrnehmen, suchen Sie umgehend Ihren Tierarzt auf und besprechen das weitere Vorgehen.

Alterssymptome

Wenn Ihr älterer Hund sein Interesse am Fressen verliert, liegt dies nicht immer daran, daß er weniger hungrig ist, sondern daran, daß seine Sinne für Geruch und Geschmack abgenommen haben. Der alte Dalmatiner riecht einfach nicht mehr so gut wie in jugendlichen Jahren. Außerdem verbrauchen ältere Hunde weniger Energie und benötigen im Alter eine Nahrungsumstellung auf Senior-Futter mit reduzierten Inhaltsstoffen.

Der Veterinär diagnostiziert den Gesundheitszustand des Hundes durch einen kompletten Check-up, ähnlich wie es der Humanmediziner ab einem gewissen Alter beim Menschen macht. Ein derart umfassendes Programm ist für den Hund sehr empfehlenswert und zwar bevor der Besitzer die körperlichen Alterserscheinungen, wie langsamere Bewegungen, Ergrauung, Schlafstörungen und Desinteresse am Spiel oder an anderen Aktivitäten, bemerken. Dies Vorsorgeprogramm verspricht dem älter werdenden Hund ein längeres und gesünderes Leben. Unter allgemeinen physischen Problemen des Hundes sind die Verringerung der Sehkraft und des Hörvermögens, Arthritis, Nieren- und Leberfunktionsstörungen, Diabetes mellitus, Herzerkrankungen und hormonelle Erkrankungen die am häufigsten auftretenden Gesundheitsbeeinträchtigungen. Zusätzlich zu den angesprochenen körperlichen Problemen gibt es auch Verhaltensänderungen. Hör-, oder Sehkraftverlust, Zahnbeschwerden oder Arthritis können zu Aggressivität führen. Ebenso kann sich der fast taube und/ oder fast blinde Hund leichter erschrecken und auf unerwartete Art und Weise reagieren. Alte, an Senilität leidende Hunde können ungeduldiger und reizbarer werden. Probleme mit der Stubenreinheit sind auf Einschränkung der Beweglichkeit, Nierenprobleme und Versagen der Schließmuskelkontrolle zurückzuführen. Es kommt verstärkt zur Bildung von Zahnstein, zu physiologischen Gehirnveränderungen und ungewohnten Reaktionen auf Medikamente.

Alte Hunde leiden ähnlich wie junge Welpen, wenn sie allein gelassen werden. Dies äußert sich in exzessivem Bellen und Heulen und Lösen innerhalb des Hauses bis zur Zerstörungswut. Sie fürchten sich vor dem täglichen Lärm, vor Staubsauger, Gewitter und Straßenverkehr. Manche Hunde leiden unter Schlafstörungen weil sie so häufig ihrem Geschäft nachgehen müssen. Fettleibigkeit ist ein häufig vorkommendes Problem, dass die Lebenserwartung stark herabsetzt. Pflegen Sie den älteren Hund so gut wie möglich, damit übermäßiges

Beeinträchtigungen im Alter

Die nachfolgend genannten Alterssymptome treten nach und nach auf und werden Ihnen mit der Zeit immer ein wenig mehr auffallen. Sie beeinträchtigen aber nicht das Leben des Hundes, solange er nicht unter irgendwelchen Krankheiten leidet. Wenn Ihr Hund Anzeichen von Schmerzen hat, sollten Sie ihn umgehend Ihrem Tierarzt vorstellen:

Ihr Hund weint und winselt in der Bewegung und hört auf zu laufen.

Krämpfe beginnen oder werden ernster und häufiger. Der übliche Krampf beginnt, wenn der Hund steif wird, anfängt zu zittern und außerstande ist oder widerwillig zu sein scheint, sich zu bewegen. Die Dauer eines Krampfes dauert normalerweise fünf bis dreißig Minuten.

Es treten mehr und mehr Toilettenunfälle auf. Urinieren und Stuhlgang finden ohne Vorwarnung im Hause statt.

Der Hund erbricht sich immer häufiger.

Gewicht nicht zusätzlich die Organe des Körpers belastet. Einige Züchter empfehlen, die Nahrung mit Fasern zu ergänzen und die Kalorien herabzusetzen. Eine schmackhafte Ergänzung des Seniorfutters ist frisches Gemüse und Rindfleischbrühe, die wenig Kalorien und wenig Fett enthalten sollte. Tierärzte bieten ebenfalls Spezialfutter für ältere Hunde an. Ein Hund benötigt besonders im Lebensabend mehr denn je die Geduld und Fürsorge seines Besitzers. Ein kleiner Unglücksfall im Haus oder ein anormales Verhalten sollte niemals bestraft werden. Für all die Jahre, in denen Ihr Hund Ihnen Liebe, Schutz und Gesellschaft gegeben hat, verdient er Ihre besondere Aufmerksamkeit und Anerkennung. Der ältere Hund muss sich vielleicht schon früh morgens um 3 Uhr erleichtern, weil er nicht mehr acht Stunden aushalten kann. Deshalb kann er auch nicht länger als zwei oder drei Stunden in seinem Käfig bleiben. Es ist Zeit, Ihrem alten Freund ein Sofa oder einen Stuhl abzutreten. Obwohl er über Ihre Aufmerksamkeit und Ihre Zuneigung nicht besonders begeistert zu sein scheint, schätzt er die angebotenen Annehmlichkeiten, gerade weil er älter wird. Ihr Dalmatiner versteht nicht, warum sich seine Welt verlangsamt. Besitzer müssen diesen Wechsel so angenehmen wie möglich gestalten.

Zeit um Abschied zu nehmen

Auf die Zeit des Abschieds ist man nie wirklich vorbereitet. Natürlich lieben Sie Ihren Hund. Er ist Ihnen in all den Jahren zum wirklichen Freund und allgegenwärtigen Partner geworden, für den Sie nun die richtige Entscheidung treffen müssen. Den geliebten Dalmatiner einschläfern zu lassen, auch wenn seine Gesundheit es erfordert, ist immer ein schwerer Schritt. Es erfordert viel Stärke und Verständnis für die Situation – und diese sollte stets auch aus seiner Sicht betrachtet werden. Der Rat Ihres Tierarztes kann Ihnen bei der Entscheidungsfindung helfen. Bedeutet die Prognose, dass sich Ihr Hund für den Rest seines Lebens quälen muss und Schmerzen hat oder bedeutet die Prognose, dass Ihr geliebter Freund einfach nicht mehr am Leben teilhaben kann, dann sollten Sie ihn in Gnaden gehen lassen. Für manche Situationen gibt es keine Alternative, als ihn zu euthanasieren. Ihr Tierarzt kann dies bei

Der ältere Hund liebt seine Aktivitäten ebenso, wie er es als junger Hund tat, nur dass irgendwann alles ein wenig langsamer abläuft.

Die Erfahrung des Alters

Als einfache Faustregel gilt: Ihr Hund wird dann alt, wenn Sie es ihm anmerken. Seine allgemeine Aktivität lässt auf allen Gebieten nach: Er rennt, läuft, frisst und springt weniger oder langsamer und sogar seine früheren Lieblingsspiele werden nicht mehr so intensiv ausgeübt. Dagegen nehmen andere Beschäftigungen zu: Er schläft mehr, er ist anlehnungsbedürftiger und zeigt das auch durch vermehrtes Handlecken. Manchmal wiederholt er ohne besondere Aufforderung früher gelernte Verhaltensweisen.

Ihnen zu Hause durchführen. Sie können Ihren Dalmatiner in Ihren Armen verabschieden, so dass er am Ende nicht die Kälte einer Tierarztpraxis spüren muss. Heute ist die Medizin so weit fortgeschritten, dass eine Euthanasie nur Sekunden dauert. Ihr Dalmatiner wird nichts davon spüren. Denken Sie immer daran, dass hier die Euthanasie ein würdevoller Abschied ist, der in der Verantwortung des Menschen liegt.

Was ist „Euthanasie"?

Das Wort Euthanasie kommt aus dem Griechischen und heißt: „Der gute Tod". Mit anderen Worten bedeutet es: Das geplante, schmerzlose Töten eines Hundes, der an einer schmerzhaften, unheilbaren Krankheit oder aus Altersgründen leidet, so dass seine Ausscheidungsorgane nicht mehr funktionsfähig sind, er nicht mehr laufen, sehen, fressen oder seinen Stuhlgang nicht mehr kontrollieren kann.

Euthanasie wird normalerweise durch die Injektion einer Überdosis eines Narkose- oder Schmerzmittels ausgeführt. Abgesehen vom Einstich der Nadel ist das Einschläfern schmerzlos.

Wie fühlen Sie sich?

Die Tage, wenn der Hund krank wird und das Ende absehbar ist, werden anstrengend für Sie sein. Wenn dies Ihre erste Erfahrung mit dem Tod eines geliebten Freundes ist, finden Sie Trost bei einem vertrauten Partner. Wenn Sie eine Familie haben, sollten Sie alle an der Entscheidung, Ihren Dalmatiner einzuschläfern, teilhaben lassen.
Normalerweise kann Ihr Hund für einige Tage in der Klinik durch Medikamente schmerzfrei gehalten werden, um Ihnen somit Zeit für eine Entscheidung zu geben. Während dieser Zeit kann man mit den Familienmitgliedern sprechen, vielleicht auch mit Personen, die diese Erfahrung bereits erlebt haben. Dies kann die Last Ihrer unvermeidlichen Entscheidung ein wenig mildern, aber was dann?

Die letzte Ruhestätte

In der heutigen Zeit gibt es viele Institutionen, bei denen Sie Ihren Hund auf einem Hundefriedhof beerdigen lassen können. Obwohl dies manchmal

Abschied nehmen ist schwer

Wenn es nötig wird, Ihren Hund einschläfern zu lassen, gibt Ihnen Ihr Tierarzt auch die Möglichkeit, dies bei Ihnen zu Hause zu tun. So wird Ihr Hund bei diesem Abschied nicht noch zusätzlich dem Streß des Tierarztbesuchs ausgesetzt. Bei aller Liebe zu Ihrem Hund sollten Sie „seine Seite" immer vorrangig beachten.

aus behördlichen Gründen die einzige Möglichkeit ist, so ist es meist auch eine sehr teure Sache. Erkundigen Sie sich, ob Sie Ihr Tier in Ihrem eigenen Garten begraben dürfen. Ihr Tierarzt kann Ihnen bei diesen Fragen beratend zur Seite stehen.

Ein neuer Hund?

Der Verlust Ihres Dalmatiner ist gleichzeitig der Verlust eines engen Freundes. Der Schmerz ist nicht geringer, als wenn Sie einen menschlichen Freund verloren hätten. Sie können keinen Großvater ersetzen, aber Sie können sich einen neuen Dalmatiner ins Haus holen. In den meisten Fällen stirbt ein Hund im fortgeschrittenen Alter. Seine Aktivitäten haben langsam nachgelassen und er war zu einem ruhigen Begleiter geworden. Nun stellt sich Ihnen die Frage, ob Sie einen kleinen Welpen oder einen bereits erwachsenen Hund ins Haus holen möchten. Ein Dalmatiner-Welpe bringt viel Leben zurück, aber alles fängt auch wieder von vorn an. Alle Schritte der Erziehung müssen neu erlernt werden, vom Hund als auch von Ihnen, denn vieles haben Sie sicher schon vergessen. Ein bereits erwachsener Hund hat den Vorteil, dass diese Anfangsschwierigkeiten wegfallen. Allerdings ist die Situation in Deutschland anders als in Amerika oder England. Selten bekommt man einen bereits erwachsenen Hund, der alle positiv erwünschten Eigenschaften aufzeigt. Wenn hier in Deutschland ein erwachsener Hund abgegeben wird, so ist er oft schon

Auch für Hunde gibt es Friedhöfe. Wenn Sie es wünschen, wird Ihr Tierarzt Ihnen sicher Adressen in Ihrer Nähe vermitteln können.

Viele Hundefriedhöfe verfügen über Einrichtungen zur Aufbewahtung der Urne des Hundes.

durch mehrere Hände gegangen oder kommt aus sogenannten Scheidungsverhältnissen. Sie werden vielleicht mit unerwarteten Schwierigkeiten konfrontiert. Sie wissen nie, was der arme Hund schon alles erlebt hat; und der Vorbesitzer wird Ihnen die schlechten Eigenschaften seines Dalmatiner kaum erzählen, weil er ja den Hund gern abgeben will. Ältere Hunde sind schwer zu vermitteln. Allerdings hat man mit diesen Hunden oft sehr ehrliche, treue Freunde, sobald Sie sich erst einmal eingelebt und an ihre neue Familie gewöhnt haben.

Schauen Sie in Ihre Tageszeitung oder rufen Sie bei einem Rassehundeklub an, ob dort ein Dalmatiner abzugeben ist oder aber bei welchem Züchter gerade Welpen erwartet werden. Was immer Sie entscheiden, entscheiden Sie es so schnell wie möglich. Wer einmal einen Dalmatiner besaß, wird sich in der Regel wieder für diese Rasse entscheiden, weil er von den Charaktereigenschaften dieses Hundes überzeugt ist. Vielleicht hat ein befreundeter Züchter gerade einen Wurf Welpen? Vielleicht haben Sie Glück, schon bald wieder einen kleinen Dalmatiner in Ihr Haus zu holen. Was könnte besser sein?

Grabstellen erinnern durch spezielle Grabsteine oder Grabplatten mit einer Inschrift an die verstorbenen Tiere. Hier kann der Besitzer seines treuen Freundes durch Blumen gedenken.

Ihr Dalmatiner auf Ausstellungen

Grundsätzliche Überlegungen

Als Sie Ihren Dalmatiner kauften, werden Sie dem Züchter erklärt haben, ob Sie einen lieben Begleiter und Familienhund wollten oder ob Sie hofften, einen Hund mit Ausstellungsqualitäten zu erwerben. Kein angesehener Züchter wird Ihnen einen jungen Welpen verkaufen und behaupten dass dieser ein Ausstellungschampion werden wird. Das kann er gar nicht.

Während der frühen Wochen und Monate der Entwicklung eines Welpen kann viel falsch gemacht werden. Wenn Sie Ihren Dalmatiner ausstellen möchten, sollten Sie dennoch auf Hinweise zu seinem Ausstellungspotential achten.

Der Ablauf von Zuchtschauen in Deutschland richtet sich nach der VDH-Zuchtschau-Ordnung. Zuchtschauen sind eine zuchtfördernde Einrichtung. Sie sind öffentliche Veranstaltungen, die der Bewertung von Rassehunden dienen. Es gibt verschiedene Arten von Ausstellungen wie beispielsweise Internationale oder Allgemeine Zuchtschauen. Die Art der Zuchtschau bestimmt die Möglichkeit der Titelanwartschaft.

Als Erstes muss ein junger Ausstellungshund lernen, mit anderen Hunden seiner Rasse gemeinsam in Konkurrenz im Ring zu stehen. Für jede Rasse wird der rassebeste Hund (Best Of Breed) ermittelt. Dieser geht dann in Konkurrenz für den den Titel des Gruppenbesten (Best In Group). Unter den Gruppenbesten wird wieder der Sieger ermittelt, der dann der Ausstellungssieger (Best In Show) wird.

Hundeausstellungen können eine interessante Erfahrung sein und Ihnen neue Einblicke in die Dalmatinerwelt verschaffen. Versuchen Sie es einfach und melden Sie Ihren Hund bei der nächsten Ausstellung an. Die Mehrzahl der Teilnehmer sind Hundeliebhaber genau wie Sie!

Als Zweites muss man verstehen, dass Ihr Hund nicht direkt gegen einen anderen antritt. Der Richter wird jeden Hund gemäß des Rassestandards begutachten, hierüber einen Bericht verfassen und eine Benotung abgeben. Der Hund, der dem Rassestandard möglichst nahe kommt (denn den perfekten Hund gibt es nicht und wird es nie geben), wird den Ring als Sieger verlassen.

Wenn Sie sich für eine Ausstellung interessieren, informieren Sie sich am besten bei Ihrem Rassehundeklub. Lassen Sie sich den Ablauf einer Ausstellung erklären, bevor Sie Ihren Hund anmelden.

Auf Ausstellungen gibt es verschiedene Klasseneinteilungen, getrennt nach Rüden und Hündinnen. Das Richten beginnt stets mit den Rüden, sofern nicht ein zweiter Richter für die Hünd-

Gibt es eine größere Freude, als für das intensive Training mit Ihrem Dalmatiner mit einer Plazierung belohnt zu werden?

Wichtige Adressen

Fédération Cynologique Internationale
13, Place Albert I
B-6530 Thuin, Belgium
www.fci.be

VDH
Verband für das Deutsche Hundewesen e. V.
Westfalendamm 174
44041 Dortmund
www.vdh.de

Club für Dalmatiner-Freunde e. V. (CDF)
Gabriele Oswald
Postfach 13 55
38713 Seesen

Dalmatiner Verein Deutschland e. V. (DVD)
Jürgen Prösch
Jägerstraße 1
85737 Ismaning

Deutscher Dalmatiner-Club von 1920 e. V. (DDC)
Alfred Ronneburg
Poppenweiler Straße 16
71672 Marbach

innen benannt wurde. In diesem Fall starten die Klassen parallel.

Rassen- und Klasseneinteilung

Die Rassen werden nach FCI-Gruppen unterteilt. Eine Klasseneinteilung ergibt sich wie folgt

Jüngstenklasse

sechs bis neun Monate

Jugendklasse

neun bis achtzehn Monate

Offene Klasse

ab fünfzehn Monaten

Championklasse

ab fünfzehn Monaten, nach errungenem und bestätigtem Championtitel (national und/oder international)

Ehrenklasse

Startberechtigung mit bestätigtem Champion-Titel

Formwertnoten und Beurteilungen

Bei allen Zuchtschauen können folgende Formwertnoten vergeben werden:

Vorzüglich	(V)
Sehr Gut	(SG)
Gut	(G)
Genügend	(Ggd)
Nicht genügend	(Nggd)

In der Jüngstenklasse

vielversprechend	(vv)
versprechend	(vsp.)
wenig versprechend	(wv)

Plazierungen

Die vier besten Hunde einer Klasse werden plaziert.

Weiterhin gibt es den
- Zuchtgruppen-Wettbewerb
- Nachzuchtgruppen-Wettbewerb
- Paarklassen-Wettbewerb
- Veteranen-Wettbewerb

Die Aussteller warten im Ring auf die Einzelbewertung Ihres Hundes durch den Richter.

Reihenfolge des Richtens

Wenn Sie als Aussteller, und dies gilt besonders für Ausstellungsneulinge, eine Ausstellung besuchen, ist immer viel Aufregung im Spiel. Deshalb ist es gut, sich über die nachfolgend aufgeführte Reihenfolge des Richtens zu informieren: Jüngsten-, Veteranen-, Ehren-, Jugend-, Champion-, Gebrauchshundklasse, Offene Klasse.

Richtet nur ein Richter, so beginnt er grundsätzlich mit den Rüden. Sie sind rechtzeitig angekommen, haben sich ein kleines Picknickpaket mitgebracht, einen gemütlichen Klappstuhl und können sich nun bei einer Tasse Kaffee in aller Ruhe das Geschehen vom Rand des Ausstellungsringes ansehen. Beobachten Sie, was von einem Aussteller erwartet wird. Ein Richter will den Hund in der Bewegung und im Stand sehen. Nachdem alle genannten Hunde einer Klasse im Kreis um den Ringrichter herumgeführt wurden,

Wussten Sie schon?

Die FCI unterteilt die Hunderassen in zehn Gruppen. Der Dalmatiner gehört zu der Gruppe 6 (Laufhunde, Schweißhunde und verwandte Rassen), Sektion 3 (Verwandte Rassen ohne Arbeitsprüfung), und ist durch die jeweiligen Clubs dem VDH (Verband für das Deutsche Hundewesen e. V.) angeschlossen.

beginnt dieser mit den Einzelbewertungen. Sie führen Ihren Hund im ruhigen Trab in einem Dreieck vom Richter weg, quer zu ihm und wieder zu ihm zurück. Nun soll der Hund im Stand vorgeführt werden, wobei er seitlich vor dem Richter steht. Die Beurteilung im Stand erfolgt bei kleinen Rassen häufig, indem man den Hund auf einem Tisch stehend begutachtet, um dem Richter ein besseres Gesamtbild zu ermöglichen. Für alle Rassen gilt: Der Hund soll sich ruhig und gelassen verhalten und sich in sein Maul schauen lassen. Das Gebiss wird überprüft. Bei Rüden wird auch das Vorhandensein der Hoden kontrolliert. Ängstliche Hunde erschrecken sich manchmal, wenn sie plötzlich vom Richter angefasst werden.
Diese Berührungen sollte Ihren Hund nicht verunsichern. Ist die Richterbeurteilung abgeschlossen, achten Sie auf die Anweisungen der Sonderleiter. Hat Ihr Hund die Note „Vorzüglich“ erhalten, werden Sie nach Abschluss der Klassenbewertung wieder in den Ring gerufen. Nun beginnt die Ausscheidung zum klassebesten Hund. Sollte Ihr Hund auch hier als Sieger hervorgehen, folgt eine Reihe von Ausscheidungswettkämpfen. Das alles erfordert Geduld und Wartezeit.
Es gibt viele Hundehalter, die sich niemals vorstellen konnten, an einer Ausstellung teilzunehmen und nun fast jedes Wochenende mit ihren Hunden unterwegs sind. Schnuppern Sie einmal etwas Ausstellungsluft, vielleicht finden auch Sie Gefallen an dem regen Treiben. Dabei zählen nicht nur die Titel, sondern auch der Kontakt zu anderen Hundehaltern und zu anderen Hunden. Sie erfahren bestimmt auf jeder Ausstellung etwas, was Sie bis dahin noch nicht über Ihre Rasse wussten!
Die Ausstellungstermine werden stets in Hundefachzeitschriften veröffentlicht. Meldeformulare können Sie beim jeweiligen Klub oder direkt beim VDH anfordern.

Working Trials – Arbeitsprüfungen

Aktive Prüfungen können von jedem gut trainierten Hund jeder Rasse absolviert werden. Hier werden nicht nur Jagdhunde oder Arbeitshunde zugelassen. In England erlangen viele Hunde den „Kennel Club Good Citizen Dog“-Preis. Auch diese Hunde nehmen an einer Prüfung teil. Es gibt fünf Wertungen, sowohl in der Offenen, als auch in der Champion-Klasse: Begleithund, Rettungshund, Gebrauchshund, Fährtenhund und Wachhund bzw. Polizeihund. Wie bei Schönheitsausstellungen treten auch hier die Hunde nicht gegeneinander, sondern im Vergleich zu einem Standard an. Wenn

Der Champion-Titel

In Deutschland werden die Schönheits-Championate auf den Ausstellungen des VDH (nationale und internationale) vergeben. Man benötigt vier Anwartschaften, um den Titel des „Deutschen Champion VDH“ zu erlangen. Außerdem wird in den Clubs auf den CAC-Ausstellungen der Titel „Deutscher Champion Club“ vergeben und zusätzlich der Titel „Deutscher Jugend-Champion Club“. Für den Jugend-Champion, der nicht in allen drei Clubs vergeben wird, sind lediglich drei Anwartschaften nötig, da die Titelerlangung der zeitlichen Altersbegrenzung unterliegt.

der Hund die Mindestpunktzahl erreicht, erhält er ein Zertifikat. Eingeteilt in Gruppen, muss in jeder Übung 70% für eine Qualifikation erreicht werden. Wenn der Hund in der Offenen Klasse 80% erlangt, erhält er ein Leistungszertifikat. In dem Meisterschaftswettbewerb erhält er ein Qualifizierungszertifikat. Für dieses Zertifikat müssen die Hunde an vier Wertungsgruppen teilnehmen, wie Gegenstandsbewachung, Ausdauer, Agility und Suchen (Apportieren und Nasenarbeit). Bei den nächsten drei Klassen UD (Begleithund) , WD (Gebrauchshund) und TD (Suchhund oder Fährtenhund) gibt es drei Bewertungen in: Gegenstandsbewachung, Agility und Nasenarbeit.

Verhalten im Ring

Wie bei allen anderen Dingen auch, gibt es eine gewisse Etikette im Vorstellungsring, die man durch Erfahrung lernen kann. Lassen Sie sich als ein Anfänger nicht bei dem Vorführen Ihres Hundes einschüchtern, auch wenn es scheint, als ob jeder außer Ihnen weiß wie man es handhabt. Bereiten Sie sich mit Ihrem Hund in einen Erziehungskurs auf das Ringtraining vor. Nehmen Sie Kontakt zu erfahrenen Ausstellern auf. Wenn Sie Ihren Hund im Ring vorstellen, sollten Sie Ihre Aufmerksamkeit auf den Richter konzentrieren und seinen Anweisungen folgen. Erinnern Sie sich stets daran, daß auch die erfahrensten Aussteller irgendwann beginnen mußten. Es stärkt Sie in Ihrem Vorführen und macht auch Sie zu einem gekonnten Aussteller.

Pokale, Medaillen und Siegerschleifen in den unterschiedlichsten Formen, Prägungen und Farben erwarten die Gewinner einer Hundeausstellung und zieren später die Regale der Hundebesitzer.

Agility besteht aus drei Sprüngen: Eine senkrechte Holzwand von circa 1,80 m muss überwunden werden; ein einfacher Hindernissprung geht circa einen Meter weit über eine Stange, ein Weitsprung etwa drei Meter weit über Kanthölzer. Um die Begleithund-, die Gebrauchshund- oder die Such- oder Fährtenhundprüfung zu bestehen, müssen die Hunde eine etwa 800 Meter weite Spur verfolgen. Hierbei sollen Gegenstände gefunden werden. Die Dauer der Prüfung kann eine halbe Stunde bis drei Stunden betragen. Die Spur wird kreuz und quer gelegt und für jeden Teilnehmer wird ein frischer Boden verwendet. Die fünfte Wertung, PD (Polizeihund), erfordert Mannarbeit. Dieses wird nicht von jeder Rasse verlangt und auch nicht empfohlen.

Agility

Sogenannte Agility Trials fanden 1977 in England ihren Anfang und erfreuen sich zwischenzeitlich in aller Welt größter Beliebtheit. Agility-Prüfungen werden in Deutschland nach den internationalen Agility-Regeln der FCI durchgeführt. Die Zuerkennung des FCI-Agility-Diploms berechtigt für die Auswahl der nationalen Prüfungen und die Weltmeisterschaft der Agility der FCI. Sie ist eine Disziplin, die allen Hunden offen steht, sofern sie in einem FCI-anerkannten Zuchtbuch eingetragen und älter als fünfzehn Monate sind. Hier soll das Zusammenspiel zwischen Hundebesitzer und Hund durch erzieherisches und sportliches Spiel gefördert werden. Voraussetzung für die Teilnahme am Agility-Training ist eine erfolgreiche Grundausbildung des Hundes. Das Training erfordert ebenso für den Besitzer als auch für den Hund beste Kondition und Ausdauer.

Auf dem Agility-Parcours müssen Hindernisse wie

- Hürden
- Wippe
- Reifen
- Viadukt oder Mauer
- Schrägwand
- Weitsprung
- Tisch
- Slalom
- Wassergraben
- Laufsteg
- Fester Tunnel und
- Sack-Stofftunnel

überwunden werden.

Wussten Sie schon?

Die FCI erstellt keine Ahnentafeln. Hier handeln die FCI-Mitglieder und -Vertragspartner eigenverantwortlich. Sie sind für die Erstellung von Abstammungsnachweisen ebenso zuständig, wie für die Ausbildung der Richter in ihren eigenen Ländern. Die FCI führt eine Richterliste und vergewissert sich, dass diese in den FCI Mitgliedsländern Anerkennung findet.
Die FCI wirkt auch nicht als Zuchtreferat; Auskunft über Rassen, Zuchtstätten und andere Zuchtinformationen erteilen die von der FCI anerkannten nationalen Hundeverbände sowie die Rassehundeklubs in den entsprechenden Mitgliedsländern.

Ausstellungsklassen

Anders als in Deutschland verlaufen die Ausstellungen in England nach einem völlig anderen Schema. Es kann mehr als 18 Klassen für Hündinnen oder Rüden geben. Man muss sich genau erkundigen, in welcher Klasse der Hund starten soll. In Deutschland fällt diese Entscheidung nicht so schwer, da die Klassen im wesentlichen nach dem Alter des Hundes und dann nach Ausstellungs- oder Prüfungserfolgen gegliedert sind. Zusätzlich zu der Vorstellung des einzelnen Hundes gibt es Nachzuchtgruppen, Nachkommengruppen und Paarklassen, in denen der Züchter die von ihm oder die in seinem Besitz befindlichen Tiere, die auf der Ausstellung in der Einzelbewertung gestartet waren, vorstellen kann.

Wieviel Rassen sind von der FCI-anerkannt?

Es gibt mehr als 400 von der FCI anerkannte Rassen. Für jede Rasse wird ein bestimmtes Land als Ursprungsland zugeordnet. Jeder Rassenstandard beruht auf der Zusammenarbeit zwischen der Standardkommission und wissenschaftlichen Kommissionen aus dem Land der Rasse und der FCI. Richter verwenden diese offiziellen Rassenstandards auf den von FCI-Mitgliedsländern abgehaltenen Ausstellungen. Eine der Funktionen der FCI ist es, die Rassenstandards in Französisch, Englisch, Spanisch und Deutsch zu aktualisieren und zu übersetzen.

Die Freude an der engen Teamarbeit stärkt das Vertrauen und gemeinsame Erfolge steigern das Selbstbewusstsein des Hundes und auch seines Halters. Unterschätzen Sie Anforderung an sich selbst nicht, denn Sie müssen immer auf der Höhe Ihres Hundes sein und ihm folgen können. Die Hindernisse dürfen keine Gefahr für den Hund darstellen und das Training sollte nie unter Zwang erfolgen. Für beide, Hund und Hundeführer, sollte es stets großen Spaß bereiten.

FCI - Fédération Cynologique Internationale
Gegründet 1911, repräsentiert die FCI den Weltdachverband im internationalen Hundewesen. Sie legt die einheitlichen Standards aller Rassen fest, vereinheitlicht die Grundregeln für die Hundezucht, bestimmt die Regeln des Richterwesens und ist verantwortlich für das internationale Ausstellungsreglement.

Wussten Sie schon?

Die von der FCI anerkannten Rassen sind in 10 Gruppen unterteilt.

Gruppe 1	Hüte- und Treibhunde
Gruppe 2	Pinscher und Schnauzer, Molosser, Schweizer Sennenhunde
Gruppe 3	Terrier
Gruppe 4	Teckel
Gruppe 5	Spitz und Urtyp-Hunde
Gruppe 6	Lauf- und Schweißhunde
Gruppe 7	Vorstehhunde
Gruppe 8	Apportier,- Stöber- und Wasserhunde
Gruppe 9	Gesellschafts- und Begleithunde
Gruppe 10	Windhunde

Der Dalmatiner gehört in die Gruppe 6.

Einer der wichtigsten Punkte bei der Vorführung im Ring ist die Beurteilung des Gangwerks Ihres Dalmatiners.

Sowohl in den Agility- als auch den Obedience-Wettkämpfen wird der erfolgreiche Sprung über verschiedene Hürden verlangt. Obedience ist eine in Deutschland neue Art von Gehorsamkeitstraining, dass in anderen Ländern längst zu den Hundefreizeiten zählt.

Hundeausstellungen

Wie melden Sie sich für eine Hundeausstellung an?

1. Fordern Sie einen Ausstellungskalender und Meldeformulare vom Sonderleiter des jeweiligen Rassehundeclubs oder beim VDH an.
2. Wählen Sie die Klasse, in der Sie Ihren Hund vorstellen möchten.
3. Senden Sie die Meldeformulare rechtzeitig vor Anmeldeschluß mit dem Meldegeld zurück. Beachten Sie, daß oftmals zwei Meldeschluß-Termine angegeben werden, die sich häufig in der Höhe des Startgeldes unterscheiden.

Obwohl die FCI ursprünglich nur europäische Länder wie Frankreich, Holland, Österreich und Belgien umfasste, ist sie heute weltweit Dachverband für fast alle Nationen in sechs Kontinenten und führt inzwischen über 400 verschiedene Rassen. Die FCI ermöglicht den Ausstellern die Anwartschaft auf drei verschiedene Titel: den Internationalen Champion, den Internationalen Schönheitschampion, der verschiedene Anwartschaften in unterschiedlichen Ländern erfordert, und den Internationalen Trial Champion, der auf den verschiedenen Trial-Bestimmungen der Länder beruht. Obwohl England und Australien wegen der Quarantänevorschriften leider an diesen Ausstellungen und Wettkämpfen nicht teilnehmen können, erfreuen sich die FCI-Ausstellungen größter Beliebtheit und können hohe Meldezahlen verzeichnen. Als größte Veranstaltung ist hier die Welthundeausstellung zu nennen, die in jedem Jahr von einem anderen Land ausgerichtet wird.

Die Organisation der FCI

Die FCI ist in folgende Verantwortungsbereiche unterteilt:

Die Generalversammlung

Das General- und das Exekutivkomitee

Die obligatorischen Kommissionen (Standardkommission, wissenschaftliche- und juristische Kommissionen)

Die fakultativen Kommissionen

Sieger über alle Konkurrenten - ein erfolgreicher Tag im Ausstellungsring.

Register

Mein Dalmatiner

Platz für Ihr erstes Welpenfoto

Name des Hundes ____

Datum ______________ **Fotograf** __________________________________